初级船体装配工工艺学

金仲达　主编

哈尔滨工程大学出版社

内 容 简 介

本书是初、中、高级船体装配工工艺学配套教材中的初级本。全书六章内容包括:船体装配基础知识;相关工种知识;船体装配中的测量;钢结构装配基本操作;部件装配;分段装配。其内容及深度和《职业技能鉴定规范》对初级船体装配工的要求相对应,主要作为初级装配工专业培训教材。初、中级本配套,也可用作技工学校和职业高中船体专业的工艺学教材。用于劳务工培训时,可根据实际课时选学其中部分内容。本书编写时也考虑了职工自学的需要,图文结合,通俗易懂。

图书在版编目(CIP)数据

初级船体装配工工艺学/金仲达主编. —哈尔滨:哈尔滨工程大学出版社,2006(2018.6 重印)
ISBN 978-7-81073-788-3

Ⅰ.初… Ⅱ.金… Ⅲ.船体装配-工艺学
Ⅳ.U671.4

中国版本图书馆 CIP 数据核字(2006)第 005583 号

出版发行 哈尔滨工程大学出版社
社　　址 哈尔滨市南岗区东大直街 124 号
邮政编码 150001
发行电话 0451-82519328
传　　真 0451-82519699
经　　销 新华书店
印　　刷 哈尔滨市石桥印务有限公司
开　　本 787mm×1 092mm 1/16
印　　张 7.5
字　　数 173 千字
版　　次 2006 年 3 月第 1 版
印　　次 2018 年 6 月第 7 次印刷
定　　价 15.00 元
http://www.hrbeupress.com
E-mail:heupress@hrbeu.edu.cn

编者的话

为适应我国造船工业迅速发展的需要，对造船技术工人进行专业培训，逐步提高其技术水平已成为当务之急。由于造船模式的转变，新技术、新工艺和新设备的广泛采用，对工人的专业培训工作也提出了更高的要求。本书是此次组织编写的初、中、高级船体装配工工艺学配套教材中的初级本。借鉴以前使用的同类教材，结合当前造船生产实际，本书编写时特别关注了以下几点：

1.全书的选材和深度，尽可能做到和《船舶工业工人技术等级标准》及《职业技能鉴定规范》对初级船体装配工的要求相对应。并处理好和中级工艺学在内容上的合理划分和衔接。以使等级界线清晰，避免出现重复，便于配套使用。

2.注意突出重点。不同章节，有详有略。加强了与船体结构装配密切相关的基础知识和基本操作。而对加工、焊接、气割等相关工种的知识，与现用教材相比，作了必要的压缩，只介绍与装配真正相关，而装配工又必须了解的内容。

3.练习是学习的重要环节。本书各章均附有一定数量的练习题。习题类型和难度参照了《职业技能鉴定大纲》同级装配工的试题样例。以使专业培训和技能考核能有较好的结合。其中以关键性词语填空的习题，有利于学员扼要掌握所学知识的重点。避免提问过于宽泛，回答过于繁琐。

4.本书编写时注意使图文更好结合，充分发挥插图的作用。减少文字叙述，力求简明扼要，直观易懂，也更便于自学。

本书由金仲达主编，其中第一章第六～九节、第二章、第三章由吕学奎、应火兴编写，全书由金仲达统稿。

限于编者水平，书中存在的缺点和不足，恳切希望广大读者和同行批评指正，以便有机会时予以改正。

编者

2005年10月

目　录

第一章　船体装配基础知识

第一节　现代造船工艺流程

船体装配是船舶建造的一个工艺阶段,船体装配工则是船厂众多工种中的主力工种之一。装配工应当了解现代船舶建造的整个工艺流程,了解装配工作与前后工序的联系,以及装配工与相关工种之间的配合关系。

图1-1详细地反映了现代船舶建造的整个工艺流程。这个流程也可简单地用下面的线框图表示:

放样号料—零件加工—结构装配—下水—码头舾装—试验试航与交船

各个阶段的工作内容如下。

1.放样与号料

用实尺、缩小比例或用数学的方法,对船体理论型线图进行光顺和修改。绘制肋骨型线图,展开船体构件。为加工、装配等后续工序提供草图、数据和样板等施工依据。在这个阶段还要用多种方法,在板材和型材上完成零件的号料工作。目前,大型船厂都将放样划归船体生产设计部门,大部分工作都在计算机上完成。

2.零件加工

这是将具有各种形状的船体零件,用剪切或气割的方法从钢材上切割下来。这个过程称为零件的边缘加工,也就是零件的平面成形。具有弯曲形状的船体部分外板、甲板和肋骨等零件,还要在常温下或加热后进行弯曲,这个过程称为零件的成形加工。只有形状准确的零件才能输送到装配工位进行部件、分段的装配。

3.结构的装配焊接

装配工所从事的就是船体结构的装配工作。结构装配约占整个船体建造工作量的60%以上。现代船体的装配通常分为三个阶段:由单个零件经过一次或多次装配形成各种部件或组合件,称为部件装配,俗称小合拢;由部件和零件进一步装配成分段或总段,称为分段装配,俗称中合拢;最后由分段外加少量散装的零部件在船台上或船坞中装配成完整的船体,称为船台(坞)装配,俗称大合拢。部件装配和分段装配都属于船体结构的预装配,船台装配则是船体的总装配。

推行一体化区域造船的现代造船模式,是在分段装配和船台装配阶段,同时进行各类舾装作业,称为分段和船台预舾装。船体结构预装配和各类设备预舾装,能提高船舶建造效率,缩短船舶建造周期。建造完成的船体分段要进行密性试验,确保焊缝密性良好,不会渗漏油、水等液体。在这个阶段分段还要进行二次除锈和涂装,实现壳舾涂一体化。

4.船舶下水

当船舶在船台上或船坞中的建造工程结束后,就将其从建造场地移入水中,这个过程称为船舶下水。目前主要采用纵向倾斜船台的重力式下水和船坞中的漂浮下水,或称漂浮出

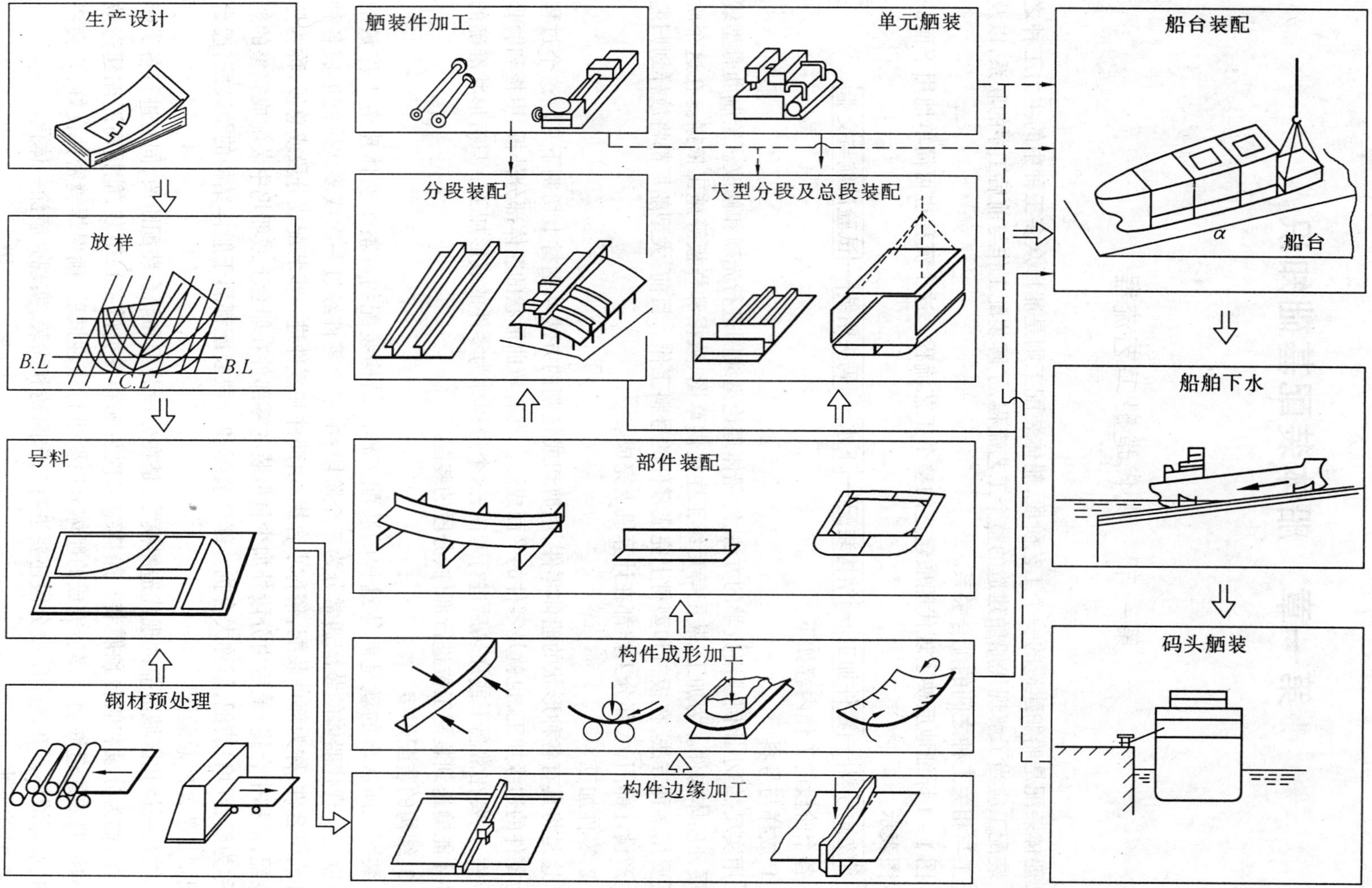

图1－1现代造船工艺流程

坞。小型船舶也有采用其他形式的下水方法。

5.码头舾装

船舶下水后就被拖往舾装码头，继续进行机械、电气等设备的安装工作，称为码头舾装。它包括机械舾装、电气舾装和船体舾装三部分。目前，由于推行壳舾涂一体化造船，大部分舾装作业已以预舾装和单元舾装的方式，在分段和船台建造阶段完成，码头舾装已被减到了最低限度。

6.船舶试验和交船

先将建造完工的船舶系泊于码头或锚地，按试验大纲要求，对船体，船舶的主机、辅机，以及全船的设备、系统逐项进行试验。检查船舶的完整性和全船各类设备运行的可靠性。这个阶段还要通过倾斜试验，核实船舶的重心位置。然后进行试航，在航行状态下，对船舶的性能、设备、装置和系统作一次综合性的全面考核检测。

系泊试验和试航结束后，船厂各相关部门采取措施消除所发现的各种缺陷。这时，船厂可就船舶本体和船上的一切设备，按相关图纸和技术文件，向用船单位一一交验，最后签署交船验收文件，完成船舶的建造任务。

在整个船舶建造工艺流程中，船体的装配焊接质量对船舶的航行和使用性能都有很大的影响。

第二节　船体装配的工艺设施与装备

船体的装配作业是在船体装配车间、露天分段建造场地和船台上或船坞中进行的。由于船舶的日趋大型化，对船体建造的设施和装备也提出了更高的要求，如目前建造的30万吨超大型油船，总长达333 m，型宽58 m，型深31 m。在船台上吊装的分段，质量不少也都超过500 t。

船厂用于船体建造的设施和装备主要有船台、造船坞、钢料加工车间，船体装配车间，车间内和露天装配场地的平台和胎架，各种吊重设备，各类焊机和动力能源设施。

一、船台和造船坞

建造好的船体分段或总段，最后在船上(或船坞中)合拢成完整的船体，它是船舶的总装场地。在船台上或船坞中还要同时完成大量的舾装工作。船台或船坞都布置在船体装配车间附近而又靠近水域的地方。这样既可缩短部件、分段、总段的运送路线，又方便于船舶下水。

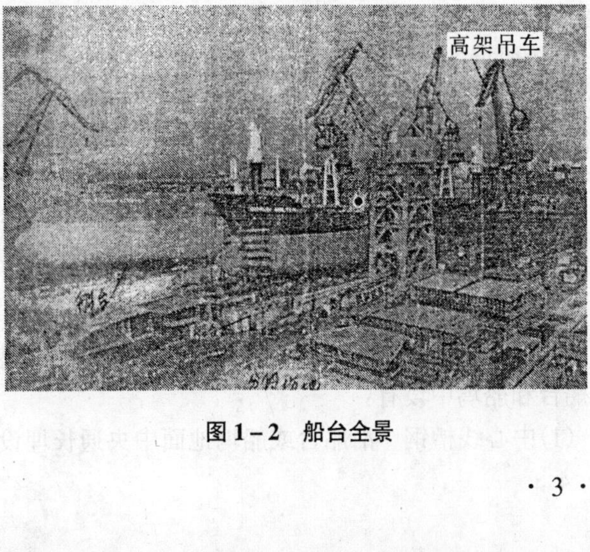

图1-2　船台全景

1.纵向倾斜船台

图1-2为某厂的船台全景。图1-3为纵向倾斜船台上的滑

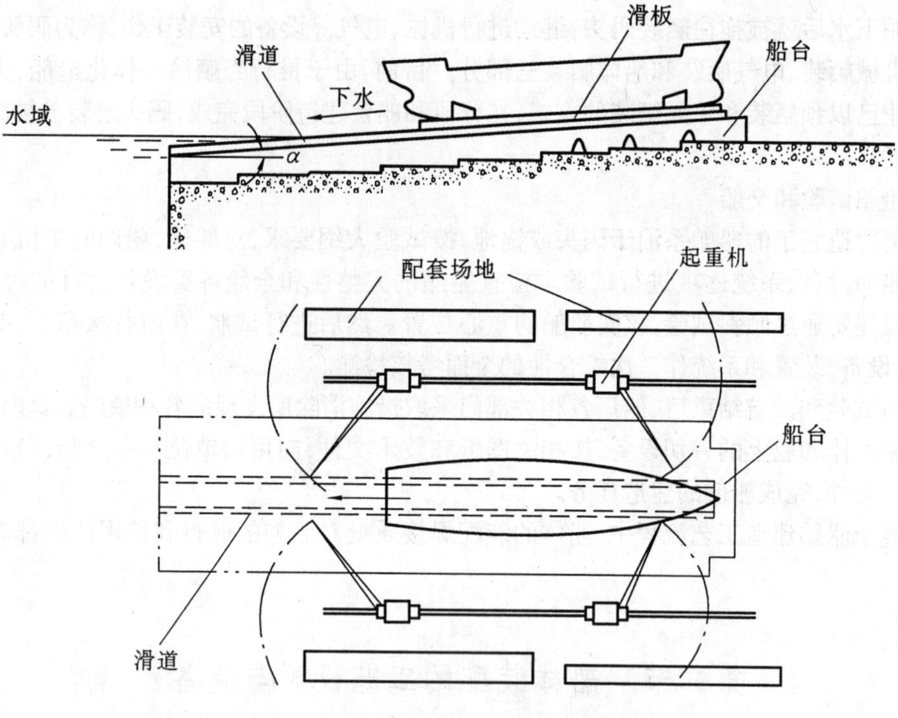

图 1-3　纵向倾斜船台的布置

道、起重机和配套场地的布置情况。纵向倾斜船台是目前广泛采用的船台型式。船台的表面与水平成一倾角，称为船台坡度，这个坡度常用倾角的正切值即$\tan\alpha$表示，一般在 1/18 ~ 1/25 之间，船厂最多采用的坡度是 1/20，这个坡度方便于在船台定位中的测量和计算。船舶建成后，在滑道上依靠自身的质量即可滑行下水。适合于重力下水是纵向倾斜船台的最大优点。滑道的形式有油脂滑板和钢珠滑板两种，滑板铺设在船底和滑道之间，下水时，制动装置打开后，在重力作用下通过滑板和滑道的相对运动将船舶缓缓送入水中。

纵向无倾斜角度的船台称为水平船台，这种船台一般布置在下水横移区的单侧或两侧，多个船台共用一套下水装置。船舶的下水要依靠下水滑车、卷扬机、钢轨和移胎架等一系列装置来完成。一般多用于中、小型船舶的建造。

2.造船坞

这是目前被大型船厂广泛采用的造船基础设施。图 1-4 为大连造船新厂的 30 万吨级造船坞，图中为两条船舶建成后正在同时漂浮出坞。该船坞长 460 m，宽 95 m。在造船坞中进行船体的大合拢和设备的吊装有很多优点：它降低了建造中船舶的高度，由于船舶是在水平状态下建造，装配中的定位、划线、测量的操作都比较方便。此外，船舶的漂浮出坞也比重力式下水简便而安全。

3.船台和船坞中的工艺设施

为支撑分段、移动和固定分段、登高作业，以及在装配过程中进行定位、测量和划线作业，船台和船坞中设有：

(1)中心线槽钢　沿船台或船坞地面中央通长埋设的槽钢，其上标注船体中心线和所建

图 1-4　造船坞

造船舶的肋位检验线，作为分段宽度方向和长度方向，也即分段左右、前后位置的定位基准。

(2)基线标杆　设于船台或船坞中心的两侧，一般都成铅直状态，其上标有基线高度，作为分段合拢时基线定位的基准。有时，基线也被直线标划在船底墩木上。

(3)高度标杆　一般成铅直状态设置于船台两侧，其上标注水线，甲板边线及其他检验线，作为分段合拢时高度方向也即上下位置定位的依据。有时也可将这些检验线直接标划在固定的扶梯或脚手架上。

(4)地面拉桩　埋设在船台或船坞中心线两侧，作为合拢过程中拉拽分段、调整分段位置的地面刚性固定点。

(5)脚手架　设置在需登高作业的部位，供高空作业和往来使用。脚手架分木质和金属两种。金属脚手架又有固定式，悬挂式和液压升降式等多种。无论何种型式的脚手架都必须保证作业和通行时的方便、安全。

(6)船墩　船墩在船台上的布置和船体的平面投影形状相对应。船墩按材质分木墩、水泥墩和金属墩三种。在船台上用船墩支撑分段和整个船体的质量。

二、平台和胎架

船体的部件和分段都是在平台或胎架上装配的。平台和胎架是船体装配的主要工艺装备。平台和胎架设置在装配车间内、船台或船坞附近的分段装配场地上。

由于结构预装配比重的不断扩大，用于分段建造的平台、胎架区的总面积应和船台面积保持一个合适的比例，这样才能使分段装配与船台合拢的进度相适应。避免出现分段积压或分段满足不了船台吊装需要的现象。

三、吊重设备

船舶建造场地都配备有相应的吊重设备，以满足船体零、部件和分段的吊运，翻身，并担负各种机电设备的吊装作业。

船体装配车间内主要使用桥式吊车，俗称行车。船台和船坞上则设置高架吊车和门式吊车。吊车的能力主要指最大吊重，吊高和跨距。图 1-5 所示为船厂几种主要的吊重设备。

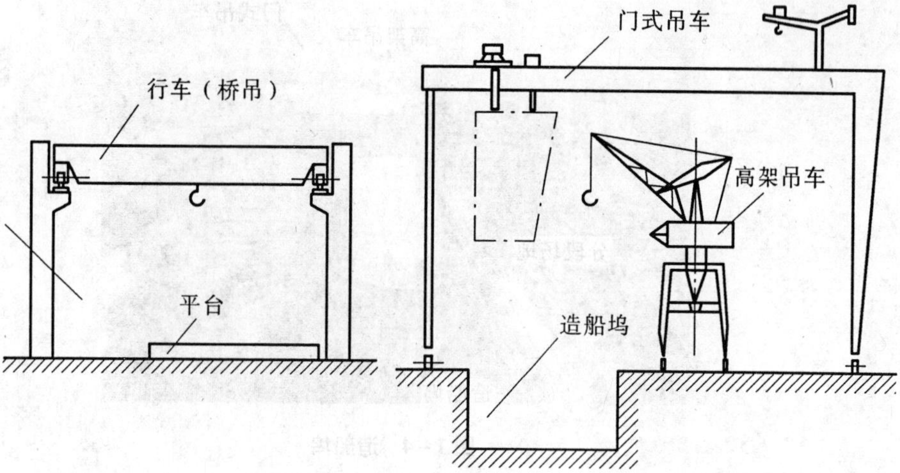

图 1-5　船厂起重设备

四、焊接设备

现代钢质船体均为焊接结构，船体结构焊接使用的设备有：交流焊机、直流焊机、埋弧自动半自动焊机、CO_2 气体保护焊装置，重力焊以及单面焊双面成型等多种焊接设备。高效焊接在船体结构焊接中应用较多。

五、动力能源设施

1. 压缩空气　是风砂轮、风刷、风钻等风动工具及碳弧气刨的动力源。
2. 自来水　供火工矫正和密性试验等作业使用。
3. 工业用电　供焊接、照明、通风，及各种电动工具、仪器使用。
4. 氧气、乙炔气　供气割和火工矫正操作使用。

各种气体和水通过专用管路输送到车间、船台和船坞，便于现场使用。

第三节　常见工艺符号

船体装配工应熟悉出现在工艺图纸、工件和施工现场的各种工艺符号，了解符号的含义，并能按符号所传递的信息正确进行操作。目前各厂采用的工艺符号并不完全相同。比较常见的船体和焊接符号如表 1-1、表 1-2 和表 1-3 所示。

表 1－1　船体建造常用工艺图形符号

序号	符号	含义或说明
1	*B.L*	船体基线
2	℄ *C.L*	船体宽度分中线，代表中线面
3		船体长度分中线，代表中站面
4		表示肋骨等构件理论线，或带有余量时的正确位置线，为一组三点样冲
5	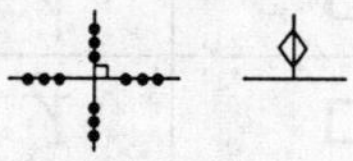	两线互成90°，角尺线 打样冲，加角尺符号
6		中垂线
7		构件、分段的对合线，检验线
8	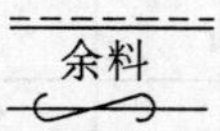 余料	单边断线，工件切割后一边使用另一边为余料 双边断线，切割工件的两边都有用
9		板材构件厚度位置线
10		型钢、焊接T型梁安装位置线
11	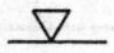	等边三角形所指边留有余量，有多种符号
12	 正(反)轧 $\phi 1\ 000(R500)$	将板材轧成整圆，半圆或1/4圆
13	 正轧　反轧	板材按样板正(反)轧曲
14	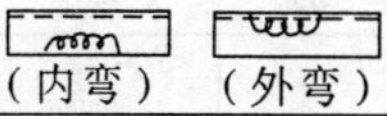 （内弯）（外弯）	型钢按样板弯曲
15	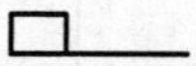	板材端面刨成与表面垂直
16	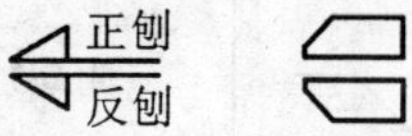 正刨 反刨	板材边缘单面刨斜
17	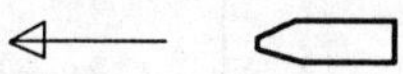	板材边缘双面刨斜
18		该构件拆除不用
19		该构件拆除换新
20		该构件原地矫正
21		该构件拆下，经整修后仍装回原处

表 1-2 对接焊缝部分接头形式及符号

序号	焊缝类别	接头形式	符号 可见	符号 不可见
1	不开坡口			
2	不开坡口、封底			
3	V型单面坡口	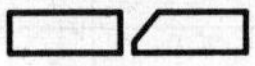		
4	V型单面坡口，封底	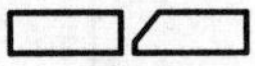		
5	V型双面坡口			
6	V型双面坡口，封底			
7	K型坡口	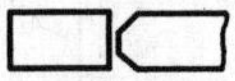		
8	X型坡口	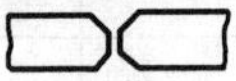		
9	U型坡口	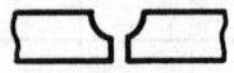		
10	U型双面坡口	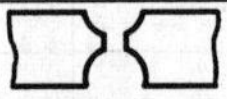		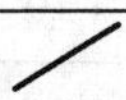

表 1-3 角焊缝部分接头形式及符号

序号	焊缝类别	接头形式及符号	举例	说明
1	单侧填角焊缝	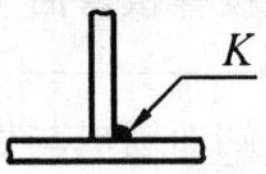	5	侧高5 mm
2	双侧填角焊缝	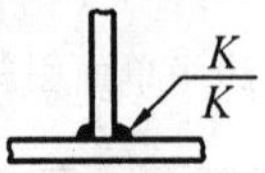	$\frac{5}{5}$	侧高5 mm
3	十字填角焊缝	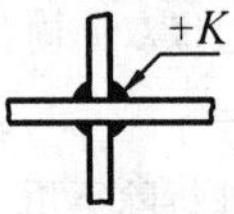	+5	侧高5 mm
4	单侧坡口 填角焊缝	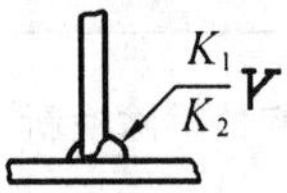	$\frac{6}{3}$	可见焊缝侧高6 mm 开坡口，封底侧高3 mm
5	不开坡口 角接头焊缝	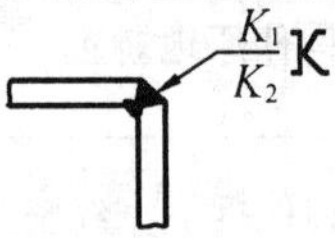	$\frac{6}{4}$	
6	搭接角焊缝	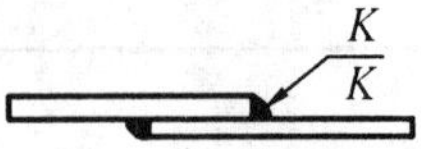	$\frac{5}{5}$	两侧侧高都是5 mm

表 1－3(续)

序 号	焊缝类别	接头形式及符号	举 例	说 明
7	周围焊缝	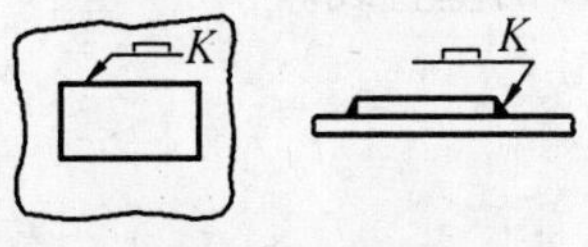	6	覆板周围焊接，侧高6 mm
8	单侧间断焊缝	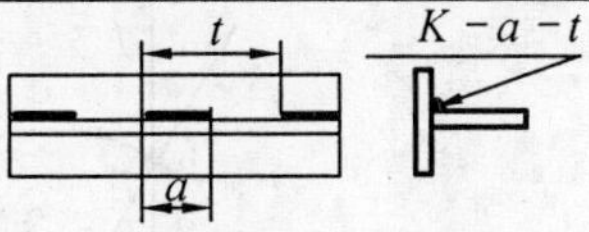	4－75－150	间断焊长度75 mm，间距150 mm
9	错综间断焊缝	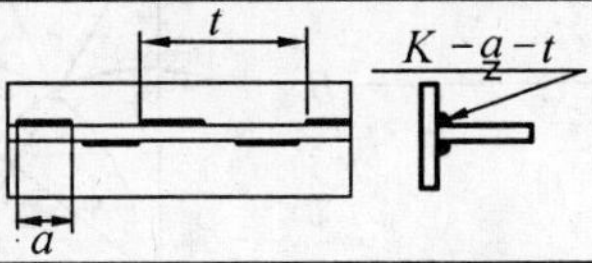	4－75－250	间断焊长度75 mm，同侧焊缝间距250 mm
10	一面连续 一面间断焊缝	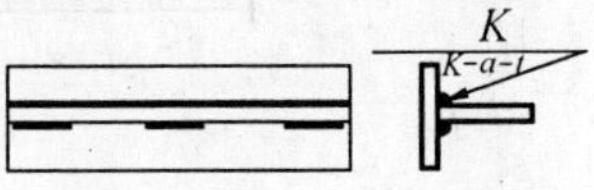	5 6－75－250	
11	圆孔塞焊焊缝	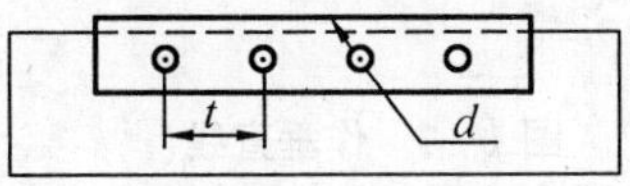	d－t	

第四节　几何作图

几何作图是钢结构制造中进行放样和划线作业的基础。下面是几种经常使用的几何作图方法。

1.作平行线　作一直线 *CD* 和已知直线 *AB* 平行，距离为 *R*。作法见图 1－6(a)。

(1)在 *AB* 线上相隔适当距离任意取两点 *a*，*b*，分别以 *a*，*b* 为圆心，*R* 为半径作圆弧。

(2)切于两圆弧最高点 *c*，*d*，作直线 *CD*，则 *CD* 平行于 *AB*。

作曲线平行线的方法与此相同，见图 1－6(b)。

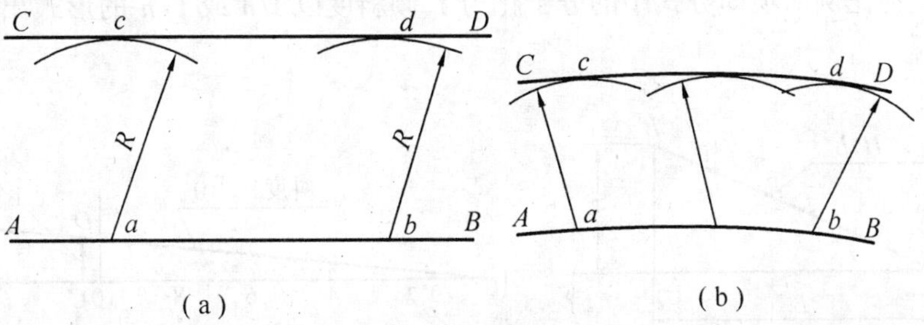

图 1－6　作平行线

2.作垂直线(角尺线),过已知直线 AB 上的点 O 作该直线的垂直线,如图 1－7(a)所示。

(1)以 O 点为圆心,适当长度为半径作短圆弧,交 AB 线于 C,D 两点。

(2)以 C,D 两点为圆心,以适当长度(尽可能长些)为半径作圆弧,分别相交于 E,F 两点。

(3)过 E,F 两点作直线,即为 AB 的垂直线。

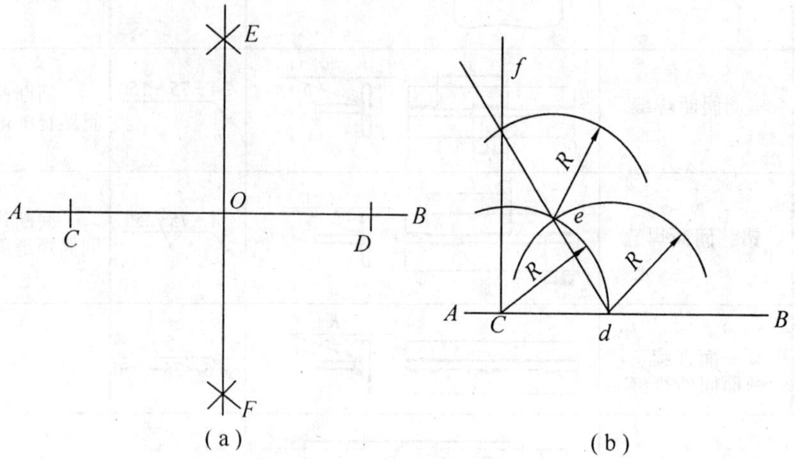

图 1－7　作垂直线

图 1－7(b)为过靠近直线 AB 一端的 C 点作垂线(边垂线)的方法:

(1)以 C 点为圆心,适当长度 R 为半径作圆弧交直线 AB 于 d 点;

(2)以 d 为圆心,相同半径 R 作圆弧,交前弧于 e 点;

(3)以 e 为圆心,相同半径 R 作圆弧。该圆弧与过 d,e 两点所作直线的延长线交于 f 点;

(4)连接 C,f 的直线即为 AB 的边垂线。

上述作边垂线的方法俗称三规法。此外尚有半圆作边垂线的方法,是根据直径所对的圆周角为直角的几何关系作出的,读者可自行试作。

3.作斜度线　斜度也称坡度。所谓斜度是指一条直线对另一条直线的倾斜程度。通常以直角三角形中该角的对边 H 和邻边 L 的比值,即倾角的正切值表示,见图 1－8。即

$$\tan\alpha = \frac{BC}{AC} = \frac{H}{L} = H:L$$

习惯上把比例前项即分式中的分子化为 1,倾斜度以 $1/n$ 或 $1:n$ 的形式出现,如船台坡

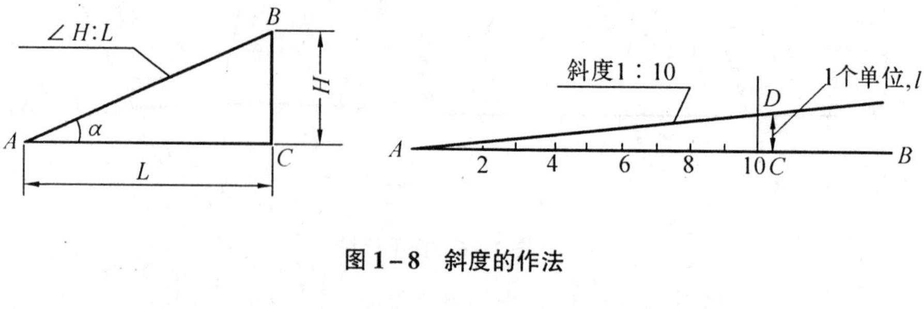

图 1－8　斜度的作法

度 1/22。在图 1－8 中,已知直线 AB,求作过 A 点与 AB 成 1∶10 斜度的直线的方法。先从 A 点开始,在线段 AB 上量取合适的任意长度 l 的 10 倍得 C 点。过 C 点作 AB 的垂线。在垂线上量取一个单位长度 l 得 D 点,即 $CD = 1/10AC$。连接 AD,其斜度即为 1/10,其他斜度作法相同。

4.作定圆弧切于直角,锐角和钝角

作定圆弧切于直角的方法见图 1－9(a)。

(1)以角顶点 O 为圆心,以给定的半径 R 作弧,交两直角边于 1,2 两点。

(2)分别以 1,2 两点为圆心,相同半径 R 作弧交于 O_1。

(3)以 O_1 为圆心,R 为半径作圆弧与两直角边相切。

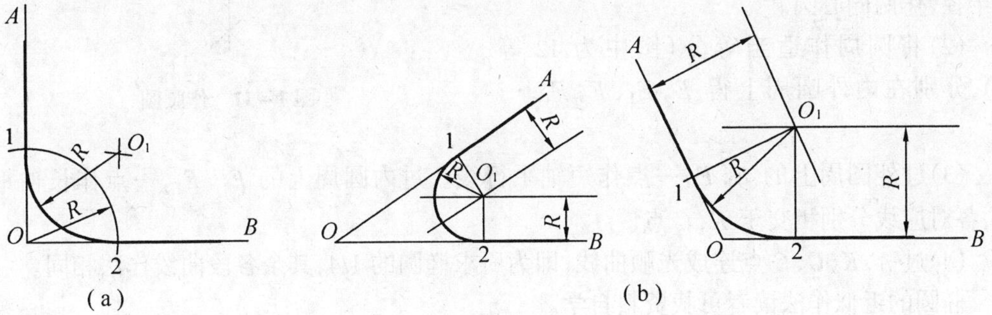

图 1－9　作定圆弧切于角的两边

作定圆弧切于锐(钝)角的方法见图 1－9(b)。

(1)在角内以给定的 R 为距离作角边的平行线相交于 O_1,O_1 即为相切圆弧的圆心。

(2)以 O_1 为圆心,R 为半径作圆弧,分别切两角边于 1,2 两点。

5.作任意平面曲线

船体的部分表面是曲面,船体的许多零件都具有曲线的形状,如肋板、肋骨,在放样和划线时,曲线经常是根据给定的坐标值画出的。如图 1－10 中的平面曲线,就是根据间距值 x_1,x_2,…,和高度值 y_1,y_2,…,分别得到 A,B,C,D 点后连成光顺曲线的。

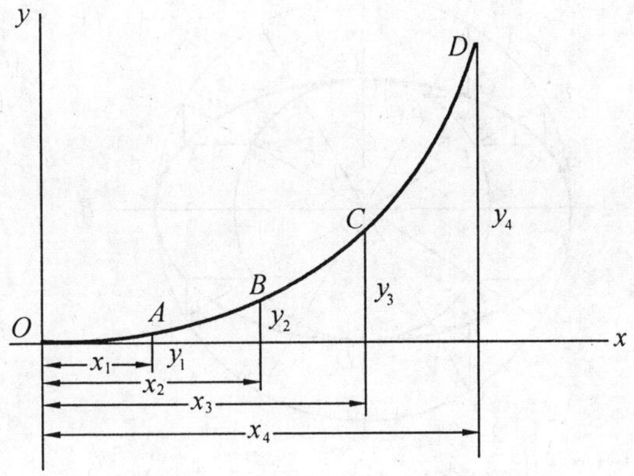

图 1－10　作一般平面曲线

6.作腰圆

船体构件上常有圆形、腰圆形、椭圆形、蛋圆形和其他形状的开孔,如人孔、减重孔和型钢贯穿孔等。

给定腰圆的短轴 a 和长轴 b,作腰圆的步骤见图 1－11。

(1)过 O 点作十字线、在长轴上于 O 点的左右分别量取 $OO_1 = \dfrac{b-a}{2}$。

(2)过两 O_1 点分别作垂线，以 O_1 为圆心，以 $R=\frac{a}{2}$ 为半径作圆弧，交两垂线于 1,2,3,4 点。

(3)连接 1,2 点和 3,4 点即为所求腰圆。

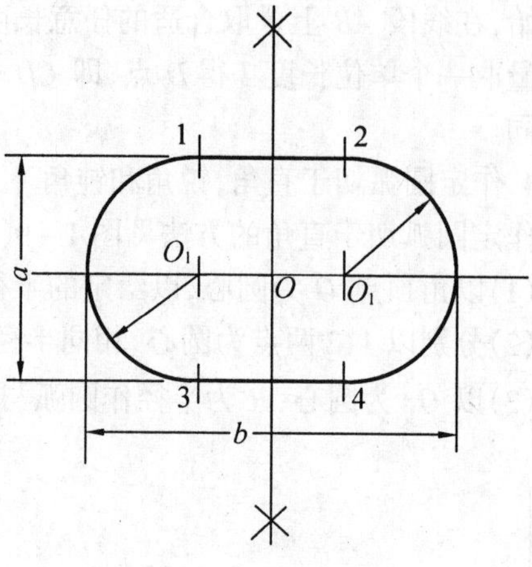

图 1-11　作腰圆

7.作椭圆

给定椭圆的长轴 AB 和短轴 CD，作椭圆的步骤见图 1-12。

(1)过 O 点作十字线，在其上截取长轴和短轴的长度。分别以长半轴 OA 和短半轴 OC 为半径，作两同心圆。

(2)将圆周作适当等分(图中为 12 等分)，分别在内外圆周上得 $E, E_1, F, F_1, \cdots$ 点。

(3)过外圆周上的 $E, F, \cdots$ 点作短轴平行线。过内圆周上的 $E_1, F_1, \cdots$ 点作长轴平行线，各对应线分别相交于 K, G 点。

(4)过 A, K, G, C 点连成光顺曲线，即为所求椭圆的 1/4，其余各段曲线作法相同。

椭圆的近似作法读者可找资料自学。

8.作蛋圆

已知大圆半径 R，小圆半径 R_1，两圆心距为 OO_1，蛋圆的作法见图 1-13。

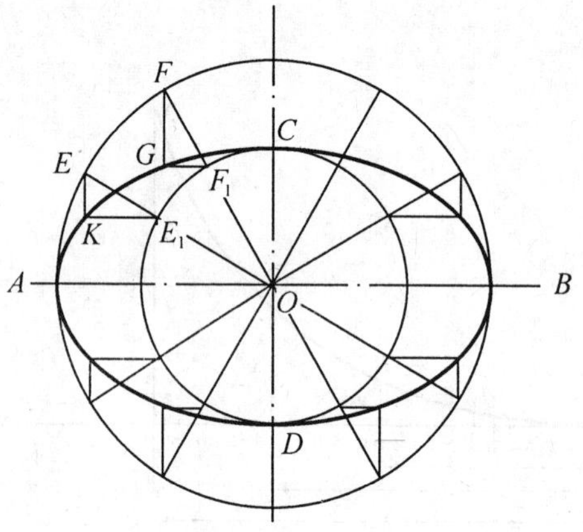

图 1-12　作椭圆

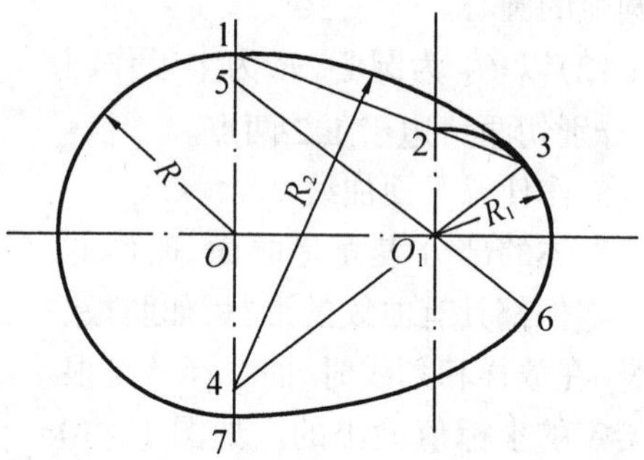

图 1-13　作蛋圆

(1)过 O, O_1 作一直线，再过 O, O_1 分别作其垂直线。

(2)以 O, O_1 为圆心，R, R_1 为半径作圆弧，分别交两垂线于 1,2 两点。

(3)连接点 1,2，延长后交 R_1 圆弧于点 3。

(4)连接点 3，O_1，延长后交过 O 点的垂线于点 4。在该垂线上截取 O,5 是 O,4 的相等长度，得 5 点。

(5)分别以 4,5 两点为圆心，1 至 4(或 5 至 7)的长度为半径(R_2)作圆弧，与大圆、小圆相切,即得所求蛋圆。

第五节　肋骨型线图的应用

1.肋骨型线图在装配中的应用

船体放样阶段绘制的肋骨型线图,与船体装配的关系最为密切,是船体装配施工依据的主要来源。当它以实尺划到放样间地板上或装配平台上时,成为重要的地样。船体零件的形状,或直接从肋骨型线图中取得,或根据肋骨型线图展开。船体结构装配中的定位和划线,也是从肋骨型线图中取得必要的数据或制作所需的样棒,样条和样板。分段胎架也要根据型线样板划线和切割。船体装配工应当了解肋骨型线图的内容,熟悉各类线条的含义和用途。能从肋骨型线图中获取结构定位测量和划线所需的数据,制作装配所需的样条、样棒和样板。

2.肋骨型线图的内容

肋骨型线图中的图形与船体理论型线图中的横剖线相似,见图 1 - 14。它也是横向垂直平面(肋骨平面)与船体内表面的交线。肋骨型线图中的线条可分为以下四类。

(1)格子线　由水平和垂直的直线构成,包括基线、中线、水线、纵剖线和半宽线,其中:

基线(B,L)　在船体装配中作为构件高度方向定位的主要基准。分段和船体上各测量点的高度,即为该点至基线的垂直距离。这个高度或记录其数值,或将其制作成高度样棒。

中线(⊄)中在船体装配中作为构件半宽方向定位测量的基准。分段和船体上各测量点的半宽,即为该点至中线的水平距离。这个半宽或记录其数值,或将其制作成半宽样棒。

有时,在船体装配过程中,具有确定值的船体半宽线和纵剖线也常被作为半宽方向测量的基准。具有确定值的水线则被作为高度方向测量的基准。结构在船舶长度方向的定位基准是中站线、站线和有确定位置的肋位线。

(2)肋骨型线　它是肋骨平面与船体外板内表面的交线在中站面上的投影,反映了肋骨型线的真实形状。由于船体结构左右对称,肋骨型线图通常只画一半,和理论型线图一样,以船中为界,向艏和向艉的各肋骨型线,分别画在中线的右方和左方。大型船舶的肋骨数量较多,为避免肋骨型线过于密集,一般只画双号肋位的肋骨型线。

由于甲板在各肋位的梁拱线曲度都是相同的,在肋骨型线图中可以只画出船舯处的梁拱线。但在肋骨框架装配时,铁平台上必须划出框架肋位完整的肋骨型线和梁拱线。

肋骨型线表示了全船横向构件(横舱壁、肋板、肋骨、横梁)的真实形状。同时也反映出各张外板横向弯曲的形状。分段装配中使用的肋骨展开样条,就是将肋骨型线伸直,同时标出其上外板纵缝和纵向构件位置线。

(3)外板接缝线　它是全船各张外板之间的连接缝在中站面上的投影,反映出全船外板的排列情况和各张外板的投影形状。外板接缝线分为:边接缝线,它是外板纵向接缝的投影,图中以 $K \times A$,$A \times B$……板列符号表示。端接缝线是外板的横向接缝线。分段接缝线则是相邻两个分段间的边缝和端缝线。装配中使用的板缝展开样条就是纵缝展开样条,其上记有肋位和分段端缝的位置。

(4)结构线　这是船体构件如甲板、平台、内底板、龙骨、纵桁和纵骨与船体外板内表面交线的投影。结构线反映出这些构件在外板上的位置,以及构件与板缝之间的相对位置。

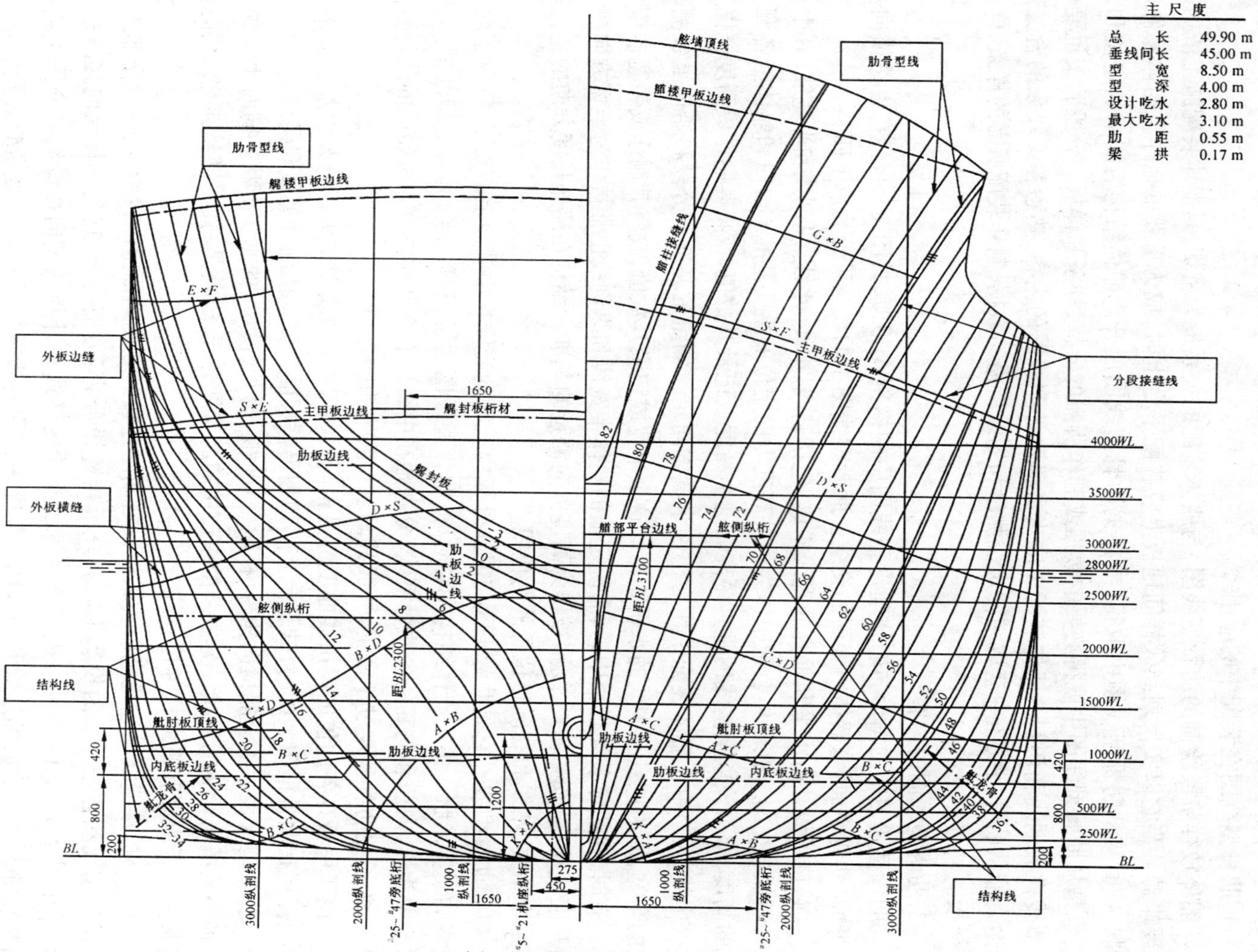
主尺度
总长 49.90 m
垂线间长 45.00 m
型宽 8.50 m
型深 4.00 m
设计吃水 2.80 m
最大吃水 3.10 m
肋距 0.55 m
梁拱 0.17 m
肋骨型线
舷墙顶线
艏楼甲板边线
艉楼甲板边线
艏柱接缝线
外板边缝
外板横缝
结构线
分段接缝线
主甲板边线
艉封板桁材
艉封板
肋板边线
舷侧纵桁
艏部平台边线
距BL3100
距BL2300
舭肘板顶线
内底板边线
舭龙骨
E×F
S×E
S×F
G×B
D×S
C×D
B×D
B×C
A×B
A×C
4000WL
3500WL
3000WL
2800WL
2500WL
2000WL
1500WL
1000WL
500WL
250WL
BL
1650
1200
420
800
200
275
450
1000纵剖线
2000纵剖线
3000纵剖线
#25~#47旁底桁
#5~#21机座纵桁

图1－14　肋骨型线图

放样时根据结构线展开各类构件，船体分段装配时，根据结构线确定板上骨架的安装位置。在肋骨型线图中，结构线还反映出某些构件之间的真实角度，如舭龙骨与外板，舷墙板与甲板的夹角，装配时要依此制作角度样板。

肋骨型线图为船体装配提供结构定位的半宽值和高度值，提供肋板，肋骨等横向构件的真空形状，提供分段板上纵横骨架的安装位置，提供制作胎架的样板。船体装配工在结构装配过程中应能利用肋骨型线图取得各种施工依据。

第六节　船体构件理论线

1.理论线的定义

理论线是一条人为设定的，不计粗细的直线或光顺曲线。在船体建造中，用理论线表示船体构件的形状和构件之间的相对位置。

钢质船体是由钢板和型钢构成的。钢板和型钢都有一定的厚度。在船体建造过程中，无论是型线放样，结构放样，构件展开，还是零件号料和结构装配中的划线，为了简化操作，通常都不划构件的厚度，而只划一条代表真实形状或位置的细线，这就是构件理论线。在图1－15中，外板及其上的舷侧纵桁和纵骨，各自都有一定的厚度 t_1, t_2, t_3，在船体结构图中则以粗实线表示被剖切的船体构件，而在船体放样和装配划线时，只划构件的理论线而不画其厚度线。那么，图1－15中的外板理论线是代表外板的内表面、外表面或是板厚的中心？舷侧纵桁和纵骨的理论线又各自代表哪一面？所以，对于船体各种构件的理论线，必须作出统一而明确的规定，否则将会造成放样、装配的困难，甚至出现错误。譬如，图中标注纵桁距基线的高度为4 560 mm，这个尺寸是测量到纵桁腹板的哪一面？如不作出规定，就可能出现三种不同的理解。

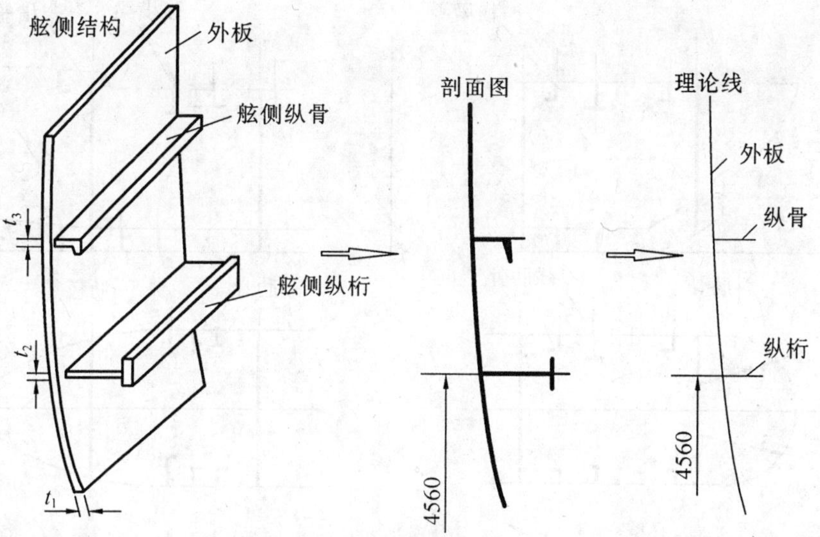

图1－15　船体构件理论线

2.船体构件理论线的基本规定

根据相关专业标准,船体构件理论线的基本规定可归纳为以下几点。

(1)船体外壳(外板和上甲板)取内表面。

(2)平置构件(如内底板、甲板、平台、舷侧纵桁)取靠近基线的下表面。

(3)纵向竖置构件(如纵舱壁、内龙骨、底纵桁、甲板纵桁)取靠近中线面的一面,(位于中线面内的构件取板厚的中心)。

(4)横向竖置构件(如横舱壁、肋板、强肋骨、强横梁)取靠近中站面的一面。

(5)不对称型钢构件(如肋骨、横梁、纵骨、扶强材)取型钢的背面。

(6)主机座、轴遂、舱口围板取靠近自身中心线或轴心线的一面。

图 1-16、图 1-17 和图 1-18 为各类船体构件理论线的具体位置。

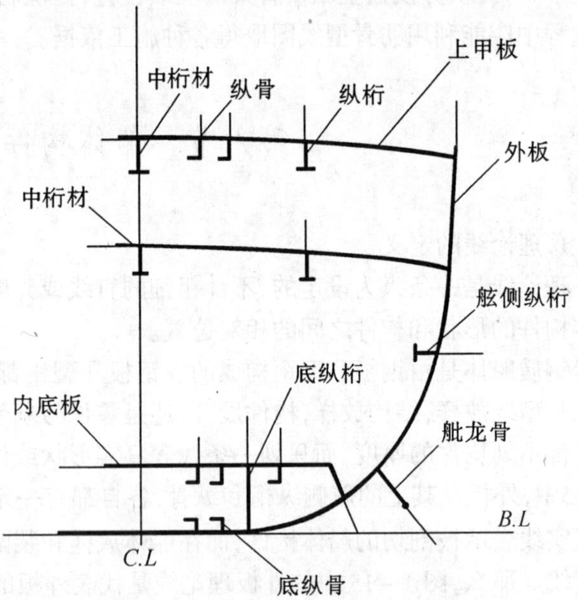

图 1-16 外板、甲板、内底板、纵桁、纵骨理论线

理论线的确定对结构的连续性和装配工艺都有影响。有时,某些船体构件的实际理论线和规定并不相符,生产设计中单独绘制“全船构件理论线图”,作为现场施工时确定全船构件理论线位置的依据。

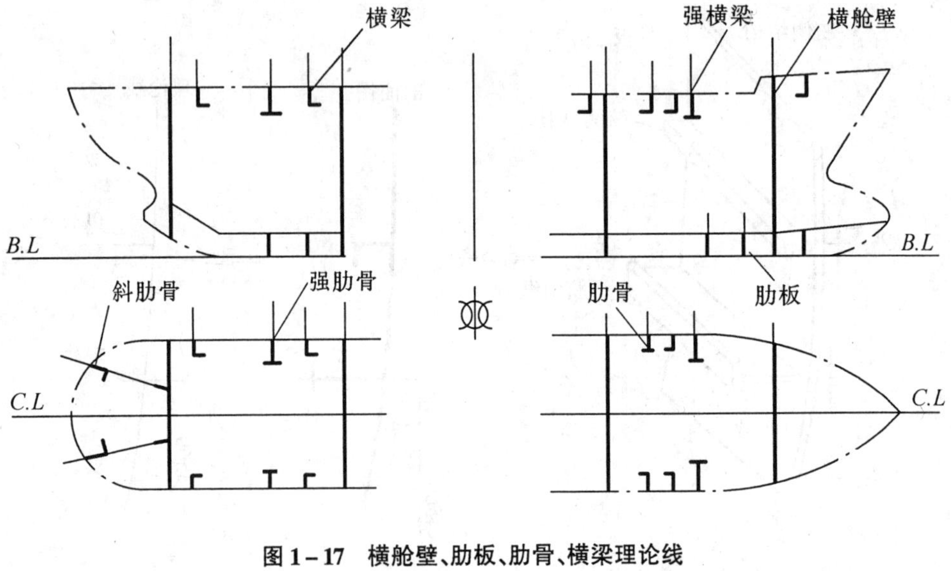

图 1-17 横舱壁、肋板、肋骨、横梁理论线

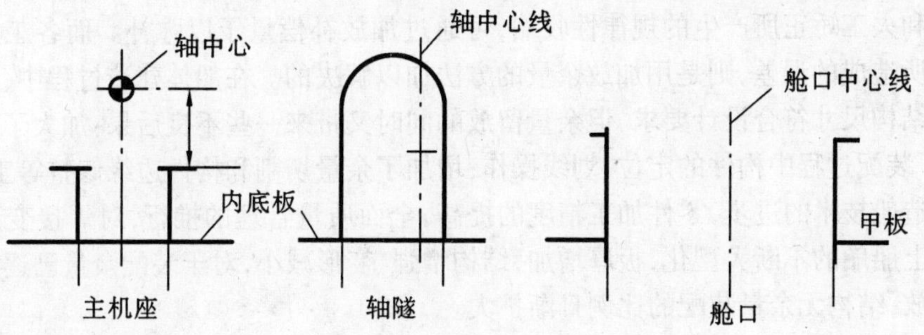

图 1-18 机座、轴遂、舱口理论线

第七节 船体结构余量

1.余量与补偿

船体放样及构件展开工作结束以后,船体的每一个构件,例如,一张外板或肋板,一根肋骨或纵骨,都已有了确定的形状和尺寸。这个确定的尺寸称为理论尺寸或公称尺寸,在下料时,零件上的某些边缘并不按理论尺寸切割,而是比理论尺寸大出某一规定的数值。这个大于理论尺寸的部分称为余量或补偿。

余量和补偿的区别是:余量是在一定的工艺阶段经重新划线后予以切除的。补偿则在装配过程中因焊接收缩等原因而自然消失,一般都不需要划线切割。

船体零件留放余量的目的是为了保证部件、分段和船体在装配焊接后的形状和尺寸能够符合允许误差的要求。

2.船体制造误差分析

船体制造过程中,在放样、号料、加工、装配和焊接等工序,不论是手工作业还是使用机械设备,都不可避免地存在一些施工误差,使得工件实际完工尺寸和理论尺寸不能完全吻合。余量主要是为弥补误差而留放的。根据造船生产的特点,船体制造过程中的误差可分为以下三类。

(1)草率性误差 这是由于施工人员粗心大意,操作失误造成的。如看错尺寸、符号,违反操作规程,使用不合要求的设备和工具等。这种误差是不应该出现的,也不是留放余量所要考虑的因素。

(2)规律性误差 这是在一定的工艺技术条件下,有一定规律的固定误差。这是施工者可以掌握的、有确定性关系的生产误差。例如,由结构焊接收缩产生的负误差,其数值和焊件尺寸、结构型式和焊接规范等因素都存在一定的关系,是有一定规律的。

(3)随机性误差 在船体制造过程中,由于工序较多,受到某些不可预测的偶然因素的影响,总会产生正负不定、大小不一的操作误差。即使在相同的工艺条件下,由同一工人操作,使用同一设备和工具,每次发生的实际误差也是各不相同的。各道工序误差积累的结果也不相同。但随机性误差一般都有一个相对稳定的分布范围。

规律性误差和随机性误差是留放船体构件余量和补偿所要考虑的因素。

3.留放余量的利和弊

焊接和火工矫正所产生的规律性收缩,可通过加放补偿量予以弥补。而各工序对船体结构尺寸所造成的误差,则是用加放余量的方法加以解决的。在船体建造过程中,加放余量虽能保证结构尺寸符合设计要求,但余量留放的同时又带来一些不良后果:加大了钢材的消耗;增加了装配过程中构件的定位、划线操作;增加了余量切割和构件边缘修整等工作。

由于造船技术的进步,零件加工精度的提高,全面质量管理的推行,对焊接变形规律的掌握。加上船舶的不断大型化,板厚增加,结构增强、变形减小,对于装配余量已逐渐做到了少放或不放,结构无余量装配的比例日渐扩大。

4.余量分类

船体结构余量按其作用,或所留在的结构单元可分以下几种:

(1)总段余量　当以总段形式在船台合拢时,为保证环形总段的尺度能符合设计要求,而留放在总段接缝线上的余量,一般为 50 mm;

(2)分段余量　分段上船台合拢,或由分段装配成总段时,为保证装配所要求的尺寸,而加放在分段接缝上的余量。分段型线较平直处放 30 mm。型线变化较大处放 50 mm;

(3)部件余量　为保证部件在装配焊接并经矫正后仍能保持所要求的尺寸,而加放的余量,一般为 20~30 mm。另外,当部件位于分段或总段的接缝处时,还要满足分段或总段对余量的要求;

(4)零件余量　为满足零件加工的需要,并保证部件或小分段装配精度,而加放的余量,一般为 10~15 mm。另外,当零件位于总段或分段的接缝处时,还要满足总段或分段对余量的要求。

此外,还有其他规定所要求的余量,如某些图纸规定需作特殊加工的零件,要加放厚度余量。

5.余量符号

目前,余量的符号及标注方式尚无统一标准,各厂不尽相同。但标注在图纸上的余量符号,应包含三个要素。

(1)余量留放的部位　余量留放在零件的边缘,也就是留在该零件与相邻零件的接缝线上。零件的边缘按其位置可以处在部件内、分段内和分(总)段的周界上三种情况。在图纸或工件上,余量符号所指的零件边缘就是余量留放的部位。

(2)余量数值　余量(或补偿)数值的大小,以毫米为单位直接注写在符号的规定部位。有时,某些规定的余量数值不必标注在符号上,而当采用其他数值时才予以标注。某些相同的数值也可在图纸的附注中加以说明。

(3)余量切割的时机　用不同的符号表示余量切除的不同工艺阶段。一般分为:在部件装配过程中或装焊结束后切除;在分段装配过程中或分段装焊接结束后切除;在船台装配过程中切除。例如,宽板肋骨框架装配时,宽板肋骨和宽板横梁两端留放的余量即为在部件装配过程中切除的余量。舱壁下缘所留的余量则是在船台合拢时切除的余量,各用不同的符号表示。下面为几种余量符号的举例:

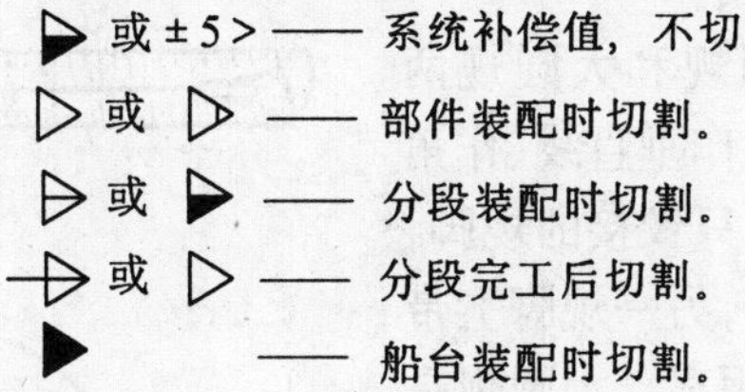

由上例可知，各地余量符号并未统一。同一工艺阶段切割的余量常用不同的符号表示，或相同的符号又代表不同工艺阶段切割的余量。但余量切割工艺阶段的划分是相同的。

分段工艺余量有时也采用更简单的表示方法，如图 1－19 所示，箭头所指为分段在船台切割的余量，其余边缘的余量为切割后上船台。

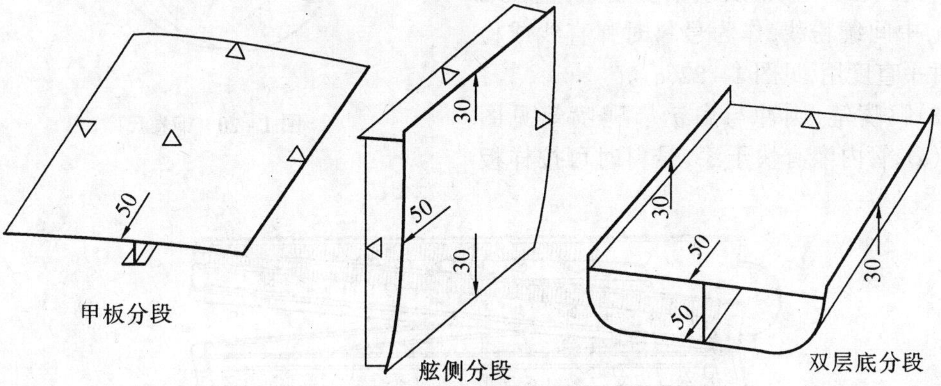

图 1－19　分段工艺余量

第八节　装配工夹具

在钢结构装配过程中，结构划线，工件敲击，变形矫正，位置调整，构件固定和焊缝除锈，都要借助各种工具和夹具来完成。工件吊运时还要使用专门的吊具。装配工常用的工夹吊具有以下几类。

1. 量具和划线工具

(1)钢直尺　用不锈钢制成，无刻度的钢直尺用于划直线和检查平直度。有刻度的钢直尺用于度量尺寸。

(2)钢卷尺　用软弹簧钢制成，尺面刻有米制尺度，用于线性测量，规格为 2 m，不用时卷尺能自动收入壳内。长卷尺规格有 5 m，10 m，30 m 和 50 m。外壳为皮质，中心有一摇柄可将卷尺收入壳内。钢卷尺见图 1－20。

(3)木折尺　木质，可折叠，长 500 mm，宽 15 mm，厚 5 mm，见图 1－21，装配工常用木折尺画划余量线或用于测量构件间的夹角。

(4)角尺　由不锈钢制成，常用的规格有 100 mm，250 mm，300 mm，450 mm，600 mm 等多

种，用以测量垂直度和画垂直线。

(5)划规　常用的有小圆规和大圆规两种，用于作圆、圆弧、划等分线、作垂直线、作角度和量取长度用。小圆规有两只铰接的规脚，一规脚上固定一块带槽弧形板，另一规脚上带有制动螺钉，用来调节两脚的距离。大圆规是由一长木尺(或圆管)和其上的两个可移动的规脚组成，能自由调节距离。圆规结构见图1-22(a)。

(6)卡钳　用来测量钢材的厚度和管材的直径，见图1-22(b)。

(7)粉线团　用铜皮或铝皮制成，直径约50 mm，中间缠粉线，作为号料时弹直线或检查构件平直度用，见图1-22(c)。

(8)鸭嘴笔、圆冲与扁铲　鸭嘴笔见图1-23(a)，管内灌有快干漆，号料时可按样板划线条，作为施工依据，划线后不需用圆冲或扁铲在钢板上敲记号。

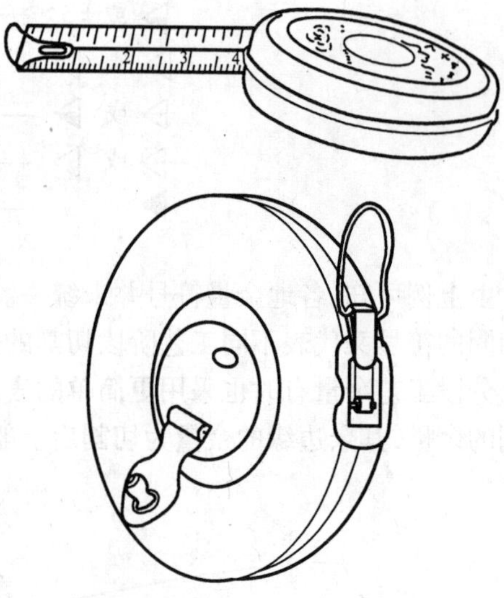

图1-20　钢卷尺

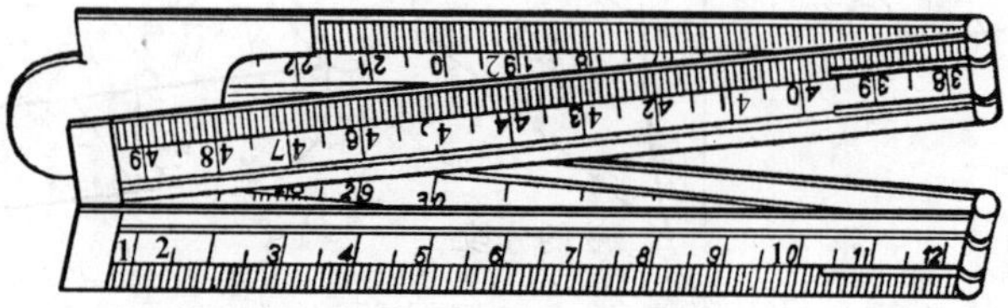

图1-21　木折尺

圆冲、扁铲见图1-23(b)，都由高碳钢制成。圆冲尖端和扁铲的刃口，都经过淬火，具有一定的硬度。用于在钢板上打圆冲眼和敲字符记号。

2.手工工具

(1)铁锤　铁锤有多种类型和规格，其形状和大小因用途而异。小锤的质量为2~3磅，单手操作，灵巧轻便。中锤、大锤质量为6~16磅。在船体装配中，铁锤主要用于构件的敲击和结构变形的矫正。

(2)撬杠和杠杆夹具　撬杠和杠杆夹具是利用杠杆原理对构件施力，以抬起工件或将工件夹紧，也可用来矫正变形或翻转型材。撬杠形状见图1-24(a)，按用力大小有多种规格。

(3)铁楔　铁楔的工作端做成铲形，利用斜面原理对构件施力，可将工件抬起，撬动或压紧。铁楔的形状见图1-24(b)。在装配中，铁楔常和马板配合使用。

3.螺旋夹具　根据施力方向不同，螺旋夹具有夹、压、拉、顶等多种功能。螺旋夹具结构简单，应用广泛，其缺点是动作比较缓慢。装配常用的螺旋夹具有：

(1)弓形螺旋夹，又名C形夹，其结构见图1-25。都是利用丝杠起夹紧作用，弓形夹的横断面是T形或∩形，质量轻，刚性好，使用方便。

(2)花兰螺丝　又称倒正螺丝，见图1-26(a)，用于将构件或分段拉拢，拉紧或固定，为装配中最常用的工夹具。

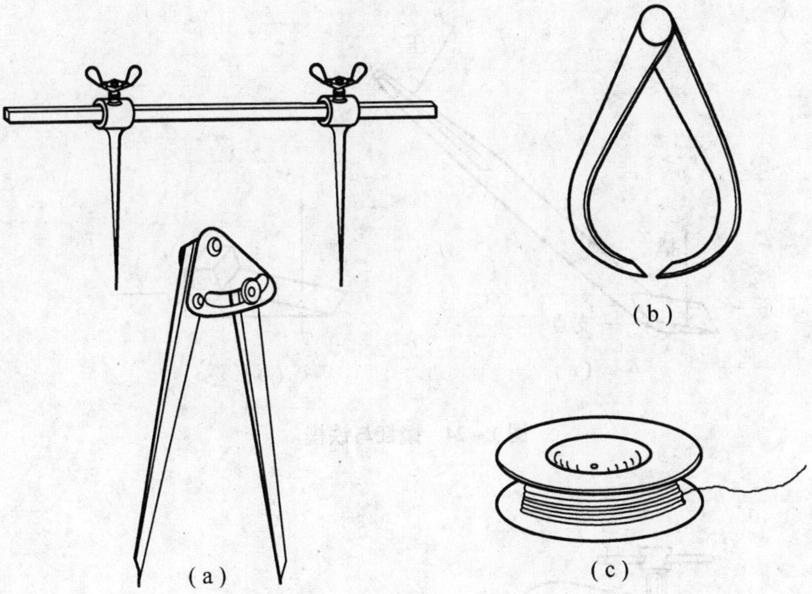

图 1-22　圆规、卡钳及粉线团

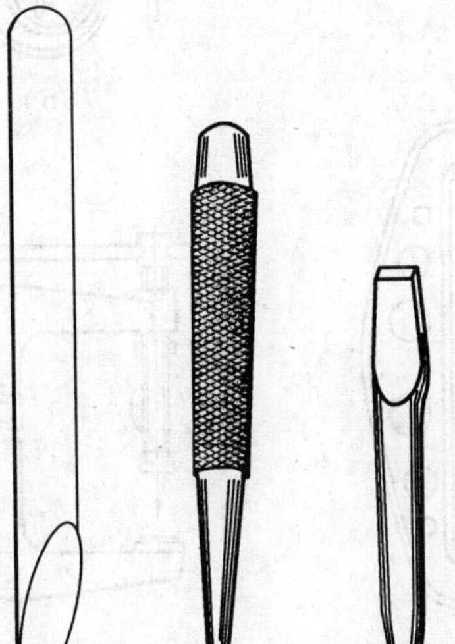

图 1-23　鸭嘴笔、圆冲与扁铲

(3)拉撑螺丝　既可用于拉紧，又可用于顶撑，见图 1-26(b)，但拉紧时能承受的外力不及花兰螺丝。

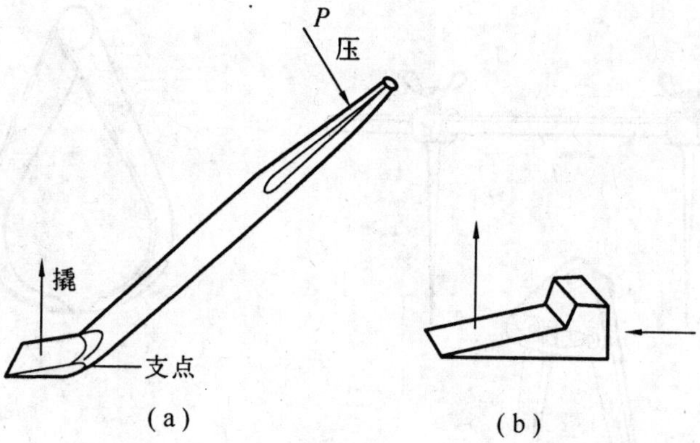

图 1-24　撬杠与铁楔

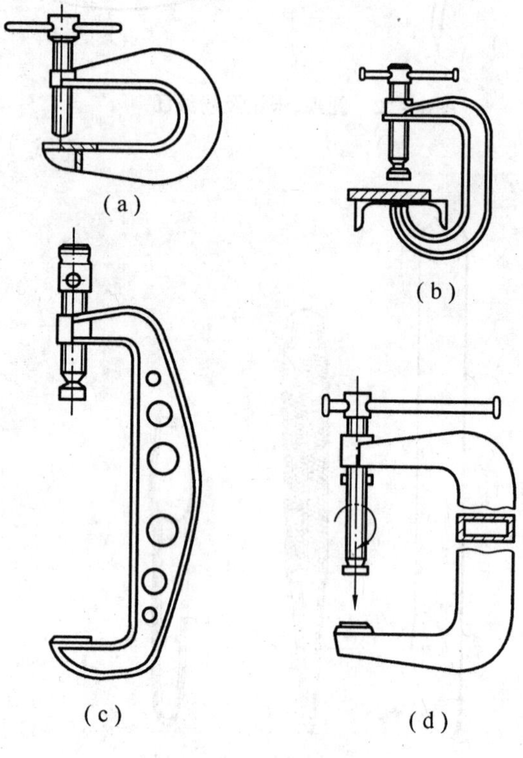

图 1-25　弓形螺旋夹具

4. 千斤顶　千斤顶是装配中常用的顶、压工具，可顶升分段、总段等大型结构。不同规格的千斤顶可承压 5～50 t。千斤顶按作用原理不同分螺旋式和液压式两种。图 1-27 所示为液压式千斤顶的外观图。液压千斤顶顶升质量大，动作平稳、安全可靠，操作省力，使用方便。千斤顶在使用中应注意不要过载，垂直放置在顶升物下方。在较松软的地面上应当在千斤顶的下面垫以木墩，避免其受力时陷入地面。当重物升高后，在其下方及时塞入支撑垫木，以确保操作安全。

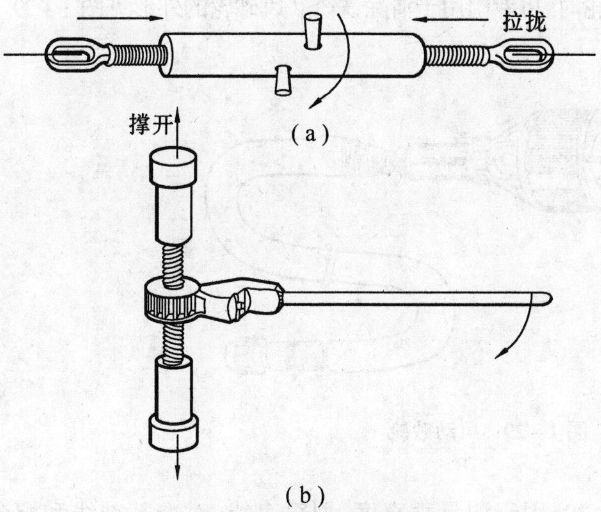

图 1-26　花兰螺丝与拉撑螺丝

(a)花兰螺丝;(b)拉撑螺丝

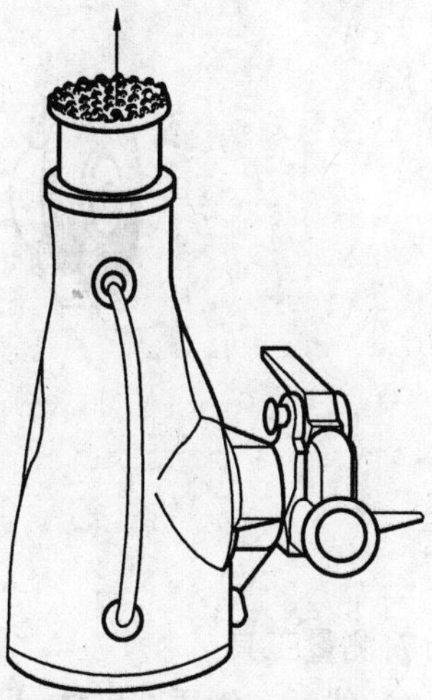

图 1-27　液压千斤顶

5.马板　马板大多与铁楔配合使用,对构件施加外力使其压紧、固定。也常用来将分段铺板临时连接于胎架以减少焊接变形。在图 1-28 中,可见 V 形、L 形、槽形、弓形和梳状马板。分别对构件起到夹紧、压紧、拉紧、压平和固定的作用。

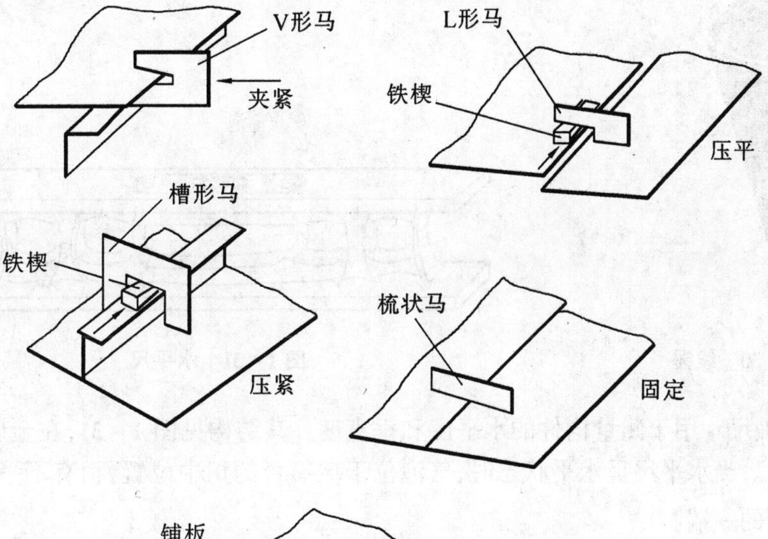

图 1-28　各种马板

6.风砂轮　以压缩空气作动力带动砂轮旋转。用来清理钢板边缘的毛刺、铁锈以及零件边缘的修磨。当用圆盘形钢丝刷代替砂轮时,可专门用于清除铁锈。风砂轮的外形见图1－29。

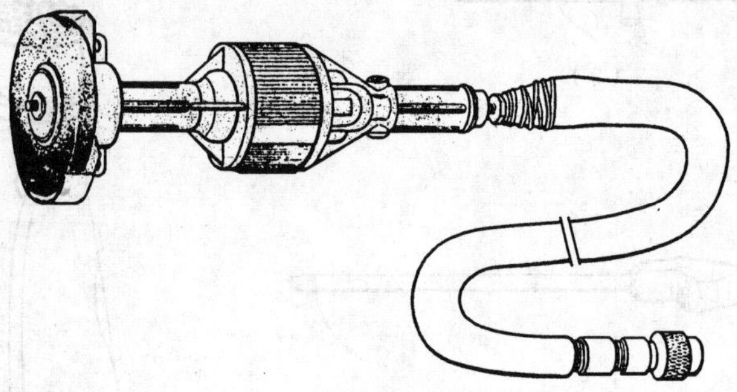

图1－29　风动砂轮

7.测量工具

(1)线锤　钢质圆锥体,见图1－30,用于测量垂直度,划垂直线,对准基准线和配合卷尺测量线性尺寸。有多种不同规格。远距离测量时,使用较重的线锤,保证测量的准确性。

图1－30　线锤

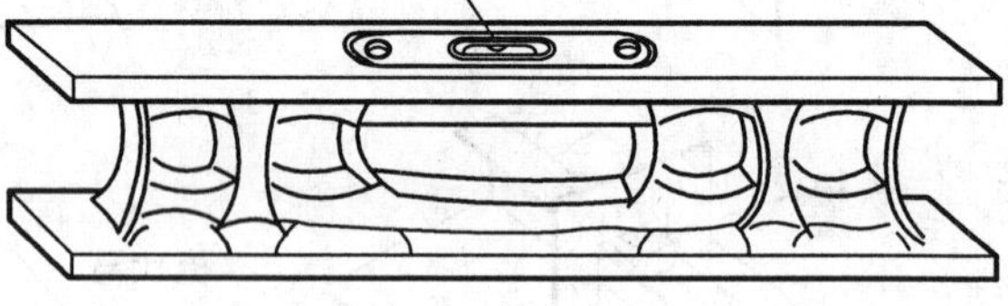

图1－31　水平尺

(2)水平尺　用于测量构件的水平度和垂直度。其结构见图1－31,在金属框架的中间有一玻璃管。当水平尺呈水平状态时,气泡位于玻璃管的正中位置,稍有不平,气泡就会移向结构偏高的一端。

(3)水平软管　这是两端插有玻璃管的长胶皮管,见图1－32。根据连通器原理,静止时两端玻璃管中的水面应在同一水平位置。水平软管常用来测量大构件的水平度和测量点相对于基准点的高度。水平软管在注水时,应使软管中的空气全部排出,若留有气泡将影响测量的准确性。冬天为防

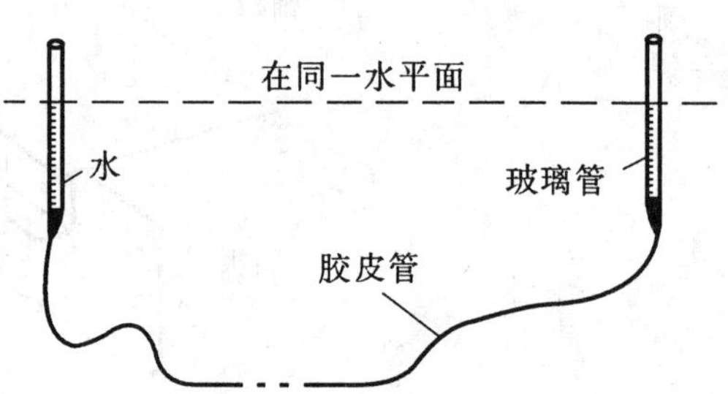

图1－32　水平软管

冻应在水中加入防冻液。

8. 吊具　在装配中用于夹持钢板、型钢和小型部件,进行吊运或翻身。常见的吊具有偏心式吊具,可起吊处于垂直或水平状态的钢板,见图 1-33(a)、(b)。图中(c)为槽钢吊具,用来吊起单根槽钢。吊具上的槽口挂住槽钢的翼板,可回转的安全挡铁挡住槽钢,阻止其从槽口处滑出。

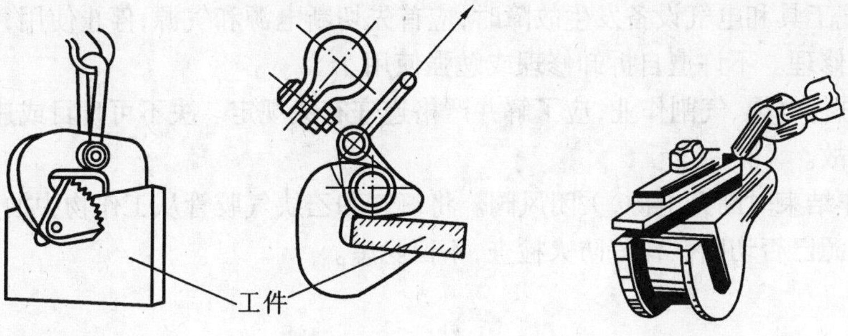

图 1-33　吊　具

第九节　安全知识

在船厂从事船体及钢质舾装件装配的装配工,应当了解相关的安全知识。自觉遵守工厂的各项规章制度和劳动纪律,文明生产,确保人身及设备安全。严禁违章违纪或冒险操作。

根据工种特点,装配工应掌握下列安全知识并严格遵守。

1. 施工前检查现场,进行必要的清洁和整理。合理放置工夹具,整齐堆放零部件。

2. 检查要使用的各类工夹具:铁锤的锤头应牢固固定,锤把无裂纹,锤顶边缘无卷边。花兰螺丝、千斤顶和风砂轮等完好无损,能安全使用。

3. 按要求使用防护工作服、安全帽、手套和护目镜等个人防护用具。

4. 在 2 m 以上空中作业时,应扎好安全带。露天工作时,吊板上应无油污和冰雪。有多层吊板时,上下层人员避免在同一垂直面内工作。

5. 在狭小空间操作时,注意周围情况,避免碰撞或伤害他人。

6. 在相对封闭的舱室内,如同时有焊接、气割作业时,应有通风设备,能及时排出舱室内的有害气体。

7. 移动的照明灯具必须使用 12 V 或 36 V 的安全电压,其防护罩和导线应完好无损。手提电动工具的电压超过 36 V 时,必须戴好绝缘手套。

8. 使用风砂轮时必须戴防护镜,人应站立在砂轮盘的侧面。未装防护罩的砂轮不允许使用。使用风钻时,严禁戴手套操作。

9. 不要在吊运中的物体的下方行走、停留或工作。

10. 在结构装配过程中,较大的零部件应放平垫稳。竖立的高大工件要加以可靠支撑固定,防止倾倒。

11. 打大锤时,脚要站稳,确信左右、前后无障碍时才可抡锤。使用撬杠时,手指不能握在撬杠下方。使用铁楔时，手指也应握在铁楔的两侧。

12.使用千斤顶不准超过规定负荷，使用时千斤顶要放置平稳，顶升时动作应缓慢。

13.现场的氧气瓶和乙炔瓶应放置在安全的位置。氧气瓶距明火 10 m以上，气瓶和气瓶之间应相距 5 m 以上。氧气瓶阀口部位严禁和油脂接触。

14.使用氧气和乙炔时，瓶内气体不应全部用完，至少保留 0.1 MPa 瓶压，以防止外界气体倒灌发生意外。

15.电气工具和电气设备发生故障时，应首先切断电源和气源，停止使用，及时联系专业电气工检查修理。不许擅自拆卸修理或勉强使用。

16.如进行电焊、气割作业，应了解并严格遵守有关规定。决不可盲目或违章操作，以免发生意外事故。

17.工作结束时断开电源，关闭风阀。将氧气和乙炔气胶管从工作物中抽出，盘放整齐。仔细检查气源已否切断。作好防火检查，不留隐患。

练 习 题

1.水平尺只能用来检查构件的水平度而不能用来检查垂直度。 (　　)

2.流线型舵舵叶的理论线取钢板的内表面。 (　　)

3.采用理论线可以简化号料和装配划线操作。 (　　)

4.船体构件边缘留放的余量和补偿，都要在一定的工艺阶段划线后切割。 (　　)

5.符号 ∇^{5}_{30} 表示在船台装配时切割。 (　　)

6.在结构简化画法中，代表不可见强构件的是________，代表不可见水密板材的是________。

(a)粗点划线　(b)细虚线　(c)粗双点划线　(d)粗虚线　(e)轨道线

7.船体基线位于平板龙骨的________。

(a)上表面；　(b)下表面；　(c)板厚中心

8.在狭小而相对封闭的空间作业时，必须执行________监护制度。

(a)自我；　(b)负责人；　(c)双人

9.符号 36# 的含义是________________。

(a)36 号肋位；　(b)36 号肋骨框架；　(c)36 号肋位剖面，向艏投影

10.安装在分段接缝处的船体构件主要是________________。

(a)加强筋　(b)补板　(c)肘板　(d)覆板

11.在分段装配过程中切除的余量符号是________，补偿的符号是________。

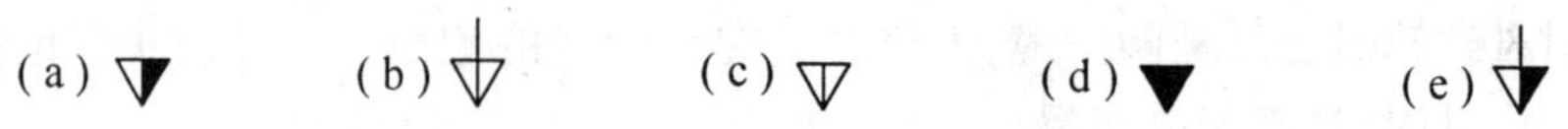

12.钢板正轧圆的符号是________，修船中结构拆除换新的符号是________。

13.填齐现代船舶建造的工艺流程。

生产设计→________→________→________→________→________→下水→________→________→交船。

14.船舶预装配是指________之前的船体装配;船舶预舾装是指________之前的船舶舾装。

15.船体部件,分段都在________或________上装配。目前船厂广泛采用的通用胎架是________胎架。

16.纵向倾斜船台的坡度一般在________~________,下水时船舶依靠________滑入水中。

17.装配常用马板按形状有________形马、________形马、________形马、________形马和梳状马等多种。

18.理论线是一条不计________的直线或光顺曲线。用来表示结构的________和构件的________。

19.确定构件理论线的主要规定是:上下靠________,首尾靠________,左右靠________,壳板靠________,不对称型钢靠________。

20.肋骨型线是肋位平面与________内表面的交线,它反映出________的真实形状。

21.采用壳舾涂一体化造船时,在分段建造的同时平行进行________作业,分段完工后进行二次________。

22.加放余量时不予考虑的是________性误差,补偿所解决的主要是________性误差。

23.船体装配场地所使用的起重设备主要有哪几种?

24.装配中分别应用杠杆,斜面和连通器原理的各是什么工具?

25.船体放样方法的演变经历了哪三个阶段?

26.表示船体构件余量的符号包含哪三个要素?

27.按所给条件完成下列作图题:

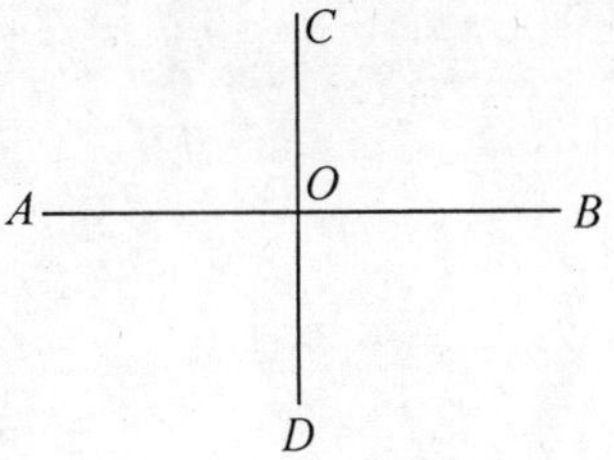

(a)作椭圆

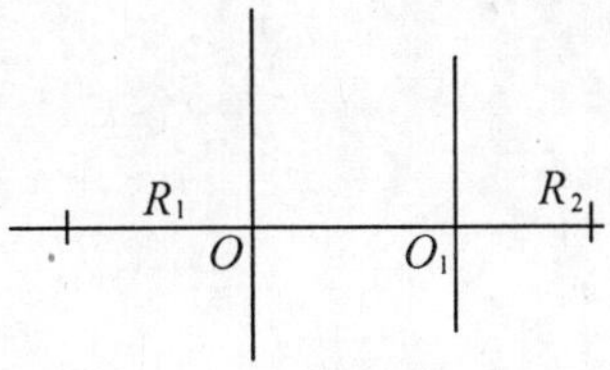

(b)作蛋圆

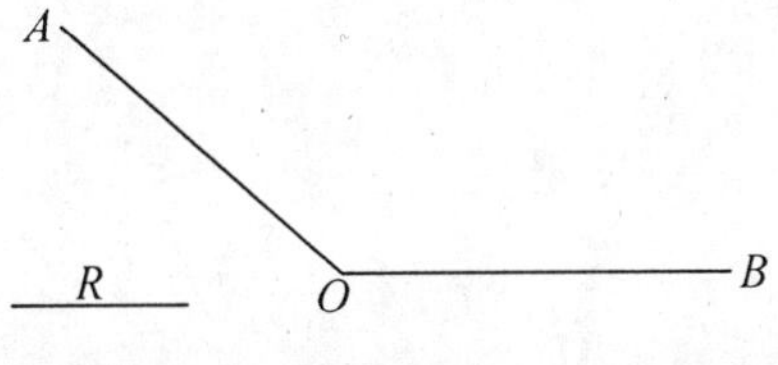

(c)圆弧连接

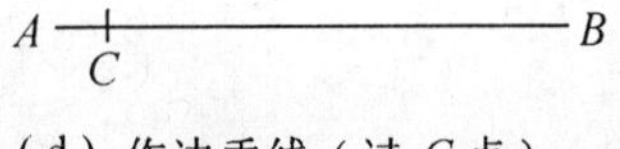

(d) 作边垂线(过 C 点)

28.在下图中用细短线(见示例)清晰标出各个船体构件的理论线。

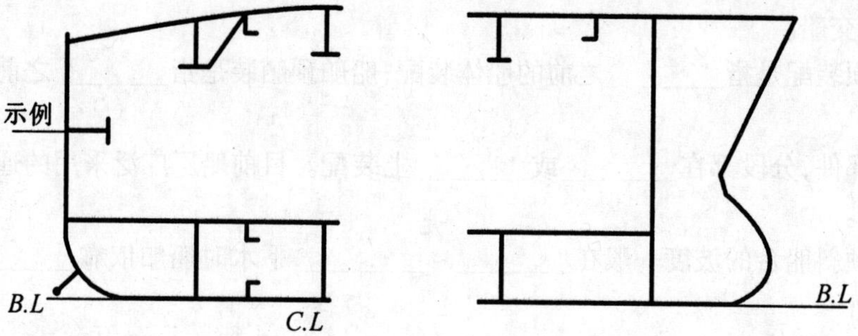

第二章　装配相关工种知识

船体结构的装配，是以装配工为主，相关工种配合完成的。例如，为装配提供合格船体零件的冷热加工，进行构件余量切割和边缘修正的气割工，矫正结构变形的火工，以手工、自动和半自动方式进行结构焊接的电焊工，进行封底焊缝刨槽、清除焊缝缺陷和铲除马脚的气刨工，以及装配过程中进行工件翻身吊运的起重工等。

装配工应大致了解上述相关工种与装配的关系，这些工种的作业方式和所使用的工具设备。以便相互配合完成船体结构的装配任务，保证产品质量，提高工作效率。

第一节　船体零件加工

在船体建造工艺流程中，结构装配是零件加工的后续工序。船体装配就是将已加工成形的各类船体零件逐步装配成部件，分段和完整的船体。船体零件加工车间通常包括钢材预处理、零件边缘加工和零件成形加工三个部分。

1. 钢材预处理　通过钢材预处理流水线矫正钢板在轧制，运输和存放过程中可能产生的各种变形。清除钢板表面的氧化皮、铁锈和油污。最后喷涂防护底漆并将其烘干。

型钢则在专门的矫正机上矫正。要进行弯曲加工的型材，如有变形也不必预先矫正。

钢材也可将其浸泡在酸洗除锈液中进行化学除锈。

2. 零件边缘加工　零件边缘加工指零件边缘的切割和焊缝坡口的成形。零件的直线边缘可以采用机械剪切，也可进行火焰切割。图 2-1 为船厂常用的龙门斜口式剪床和横入斜入式剪床的外观图。龙门剪切机适合零件长边的剪切，速度快，准确性高。横入式斜口剪床适合于短边剪切。如在剪切过程中轻微转动工件也可剪切和缓的曲线边缘，但操作复杂，质

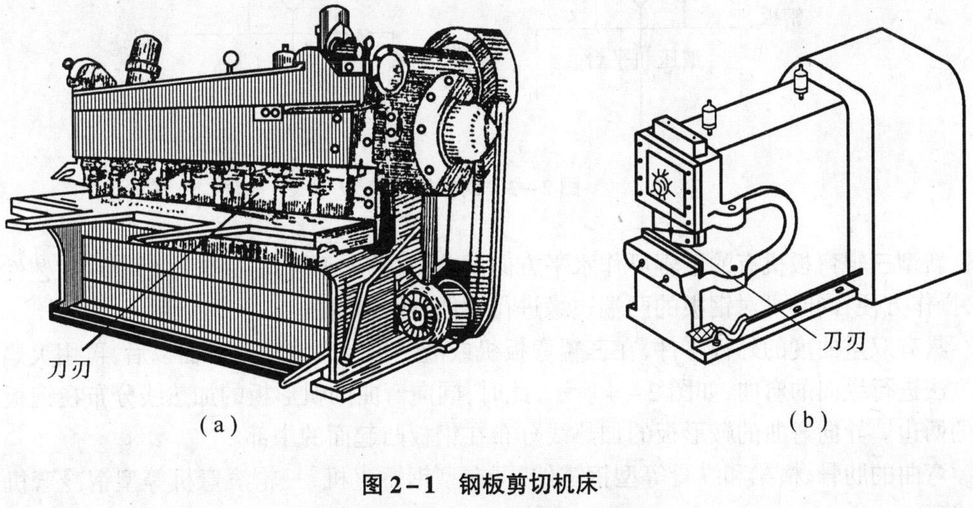

图 2-1　钢板剪切机床

(a)龙门斜口式剪床；(b)横入斜口式剪床

量较差。零件的曲线边缘则多采用火焰切割。目前船厂使用的是氧－乙炔(氧－丙烷)焰气割和等离子切割。高精度龙门气割、数控气割的加工精度都很高。通过数控气割能获得具有曲线边缘和有大量型钢惯穿开孔的复杂零件,如纵骨架式的船底肋板。在采用数控切割时,还可同时完成零件上的划线工作。

直边零件的焊缝坡口一般在刨边机或铣边机上加工。气割时,多个割嘴成一定角度组合后可直接得到V型、X型等不同形状的焊缝坡口。

3.零件成形加工　船体的部分外板和甲板都有一定的曲度。只有单向曲度的零件,一般都在辊床上辊压成形,见图2－2。随着钢板的平移和上辊的下压,将钢板加工成所需要的曲度。曲度较复杂的零件则在液压机(水压机和油压机)上借助模具压制成形,见图2－3。

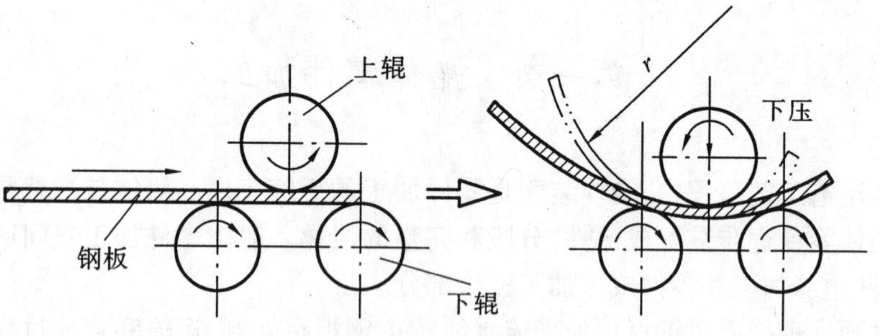

图2－2　钢板的辊(滚)弯

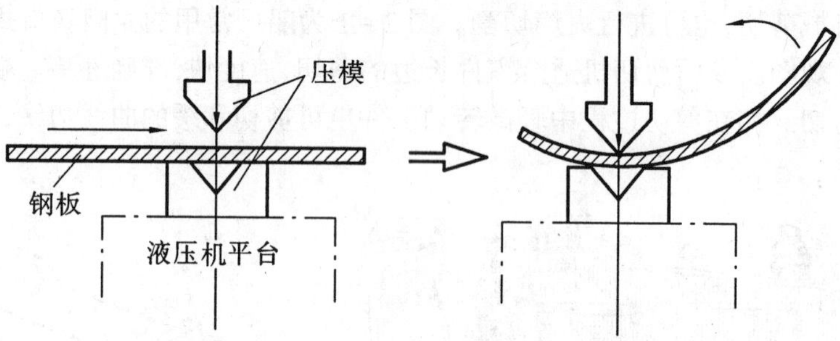

图2－3　钢板的压弯

新型三辊弯板机有的下辊可作水平方向调节,有的上下辊均可作升降调节,工艺性能较好,操作方便,同时可对钢板的两端边缘进行弯曲,效率较高。

具有双重曲度的外板零件,在三辊弯板机或液压机上完成横向弯曲以后,再用火焰加工的方法进行纵向的弯曲,如图2－4所示,此时,同向弯曲的帆形板的加热线分布在钢板凹入面的两边。异向弯曲的鞍形板的加热线分布在钢板凸起面的中部。

弯曲的肋骨、横梁和纵骨等型钢零件,可在型钢矫直机、三轮滚弯机等型钢冷弯机上加工成形。

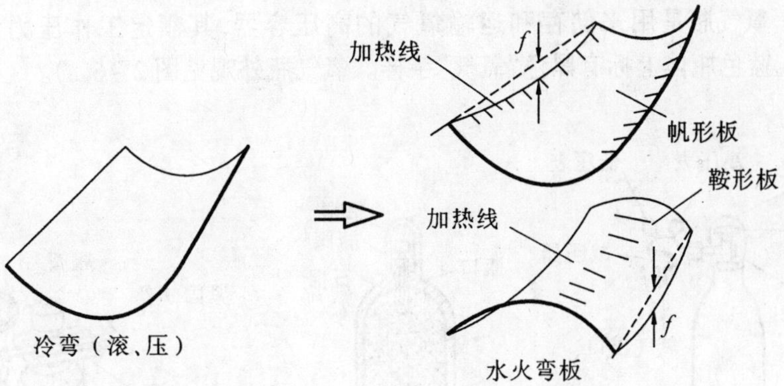

图 2-4　水火弯板的加热线分布

船体零件的边缘切割和成形加工都必须达到规定的精度标准。否则将给结构装配造成困难，增加装配中零件边缘的修割量。

第二节　气　　割

1. 火焰加工的应用　氧-乙炔焰在船体建造中得到广泛的应用：钢材的边缘切割，双重曲度外板的水火弯板，结构变形的火工矫正等。在船体装配过程中，氧-乙炔焰则主要用于余量切割、构件边缘修正和结构焊接变形的矫正。用手工进行气割和火工矫正，设备简单，灵活方便，在各种场合和空间的任何位置都可以操作。

2. 氧-乙炔气割的原理　氧-乙炔焰切割是利用预热焰将割缝处金属加热到钢材的燃烧温度，并在通入的高压氧气中剧烈氧化（即燃烧），高速氧气射流同时将燃烧产生的金属氧化物吹除，从而形成狭窄而整齐的割缝，使金属分离，如图 2-5 所示。

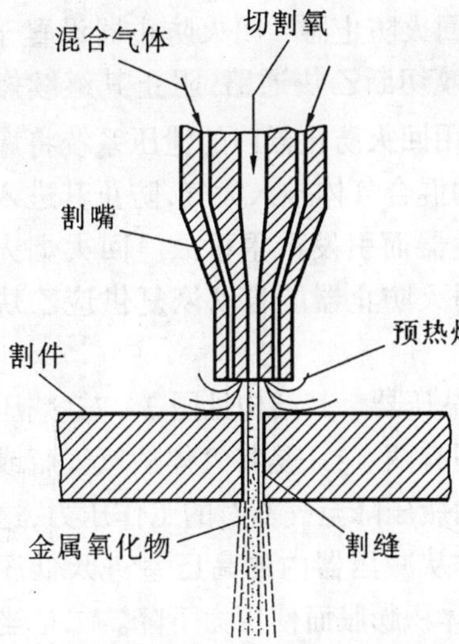

图 2-5　气割示意图

氧-乙炔气割的实质是金属在纯氧中的燃烧而不是金属在高温下的熔化。它对金属及其所生成的氧化物的熔点，金属的燃点以及气割产生的热量都有一定的要求。并非所有金属都能满足这些条件。作为船体材料的结构钢和低合金高强度钢都能满足这些条件，具有良好的可气割性。铸铁、高碳钢、不锈钢、铜、铝等金属都不能用氧-乙炔进行气割。

3. 气割用气体、设备和工具

(1)氧气、氧气瓶　氧气本身不会燃烧，压缩纯氧具有极强的助燃能力，其密度为 1.43 kg/m³。氧气瓶是用来储存和运输氧气的高压容器，其额定工作压力为 150 大气压(14.7 MPa)。蓝色瓶体上标有黑色“氧气”字样。氧气瓶外观见图 2-6(a)。

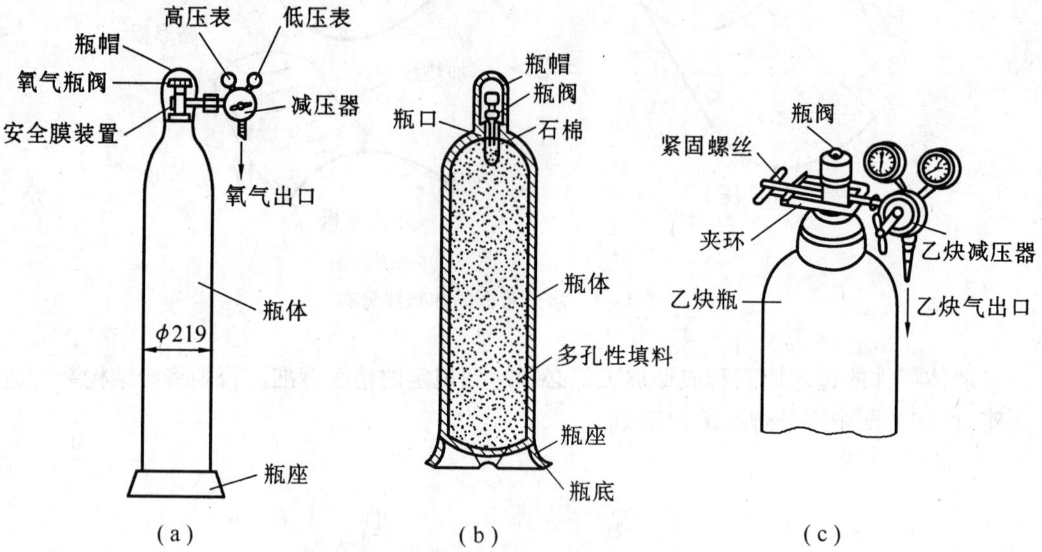

图 2-6　氧气瓶、乙炔瓶及减压器的安装

(a)氧气瓶；(b)乙炔瓶；(c)减压器安装

(2)乙炔、乙炔瓶　乙炔为可燃气体，密度为 1.17 kg/m³。纯乙炔或乙炔以一定比例与空气、氧气混合后都容易发生爆炸。乙炔瓶是用来储存和运输乙炔的压力容器，其额定工作压力为 15 大气压(1.47 MPa)。白色瓶体上标有红色“乙炔”字样，乙炔瓶外观见图 2-6(b)。图 2-6(c)则为减压器与乙炔瓶的连接方式。

(3)回火防止器　回火防止器设置于乙炔通路中，其作用是当割炬在操作中发生回火时，能有效切断乙炔通路，阻止其继续燃烧，并利用回火防止器内的泄压系统将爆炸产生的混合气体排入大气，防止其进入乙炔发生器而引发严重事故。回火烟火熄灭后回火防止器能自动恢复供应乙炔气体。

(4)减压器　其结构见图 2-7。减压器的作用有两点：一是将气体从氧气瓶或乙炔瓶的瓶压降至气割时的工作压力，这是当气体从减压器内的高压室进入低压室时，因体积膨胀而使压力下降。二是当气体逐渐消耗而使瓶压下降时，仍能维持工作压力稳定不变。所以，减压器具有减压和稳压的双重作用。使用时，氧气减压

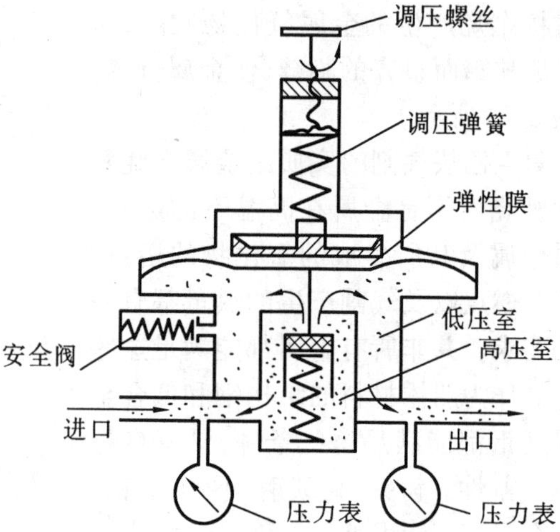

图 2-7　减压器工作原理

器通过顺旋螺纹连接于氧气瓶。乙炔减压器则以夹紧的方式固定在乙炔瓶上。

(5)割炬　割炬是气割时的操作工具,射吸式割炬的结构如图 2－8 所示。它由预热和切割两部分组成。氧气从射吸孔射出,使混合室周围空间形成负压区,从而将低压乙炔吸入,在混合室混合后从割嘴喷出。这种射吸式割炬低压和中压乙炔都可以使用(即使乙炔压力不大于 0.01 大气压也能正常使用)。射吸式割炬的缺点是容易发生回火。等压式割炬不会发生回火,但要求乙炔有较高的压力。割嘴上混合气体喷孔有环形孔和梅花状分布的圆形孔两种形式。

割炬点火时,先稍许打开预热氧,然后打开乙炔,再点火。这样可以避免出现炭化焰。熄火时,先关乙炔,后关预热氧,这样可以防止回火和产生烟灰。

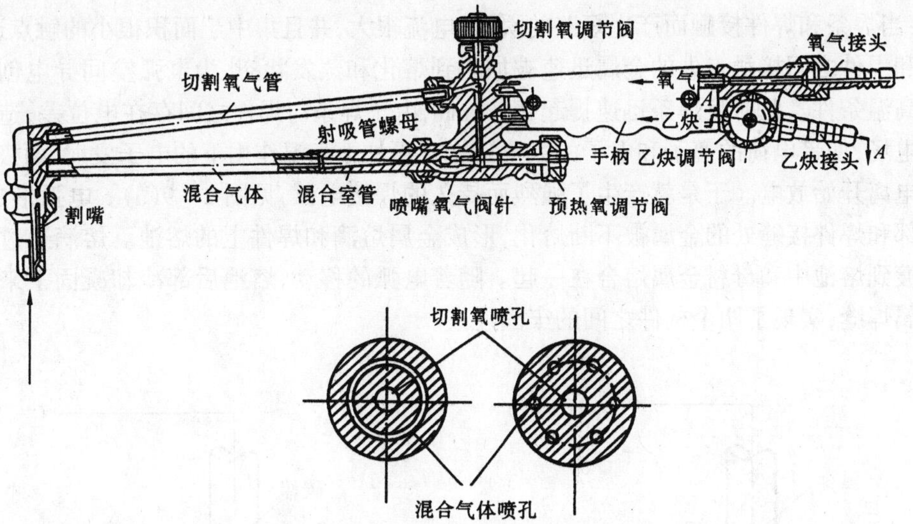

图 2－8　射吸式割炬

接在割炬上的氧气胶管规定为红色,乙炔胶管则为绿色,不可接错。

4.气割工艺

进行气割作业时,应注意以下几点:

(1)如在平台或地面上切割钢板,应将工件垫起,使下面留出 100 mm 以上距离,使气流畅通,保证切口下的熔渣能向下顺利排除。

(2)选择正确的气割规范

氧气的压力与板厚、割嘴孔直径成正比关系。切割 3 ~ 30 mm 厚的板材,氧气压力为 2 ~ 5 大气压。

气割速度与板厚成反比关系。速度过快时钢材不能割穿,过慢时则会造成割缝边缘熔化。

预热火焰能率与板厚成正比关系。气割应使用中性焰。中性焰的氧和乙炔的比值在 1 ~ 1.2。此时,混合气体能充分燃烧。操作时是将火焰的焰心调节到最长且轮廓最为清晰,末端呈圆形,即可认定为中性焰。

(3)控制好割嘴与割件的相对位置

焰心顶端离割件表面保持在 3 ~ 5 mm。

割件厚度小于 6 mm 时，割嘴后倾 15° ~ 30°，割件厚度为 6 ~ 30 mm 时，割嘴应垂直于割件表面。

合理的规范选择和正确的操作可提高气割的质量。

第三节　手工电弧焊

1.焊接电弧的产生　现代钢质船体都是焊接结构，构件和构件是通过焊接电弧熔化接缝处的金属连接的。电弧是两个电极间气体介负中强烈而持续的放电现象。电弧焊接的过程是：当焊条和焊件接触而产生短路的瞬间，电流很大，并且集中于面积很小的触点通过，使焊条和焊件之间接触点处的金属迅速被加热到熔化和蒸发状态，为电弧空间导电创造了必要的高温条件。此时将焊条迅速提起 2 ~ 4 mm，由于焊条与焊件之间存在电位差，造成了极强的电场，使带电荷的离子和电子的数量猛增。再加上高温作用下的电子发射，两极间的气体被电离开始放电。于是就产生了强烈而持久的焊接电弧，见图 2 - 9(a)。电弧形成后，焊条端部和焊件接缝处的金属被不断熔化，形成金属熔滴和焊件上的熔池。熔滴通过电弧空间过渡到熔池中和母材金属熔合在一起。随着电弧的移动，熔池后部冷却凝固下来形成固态金属焊缝，实现了两个构件之间的牢固连接。

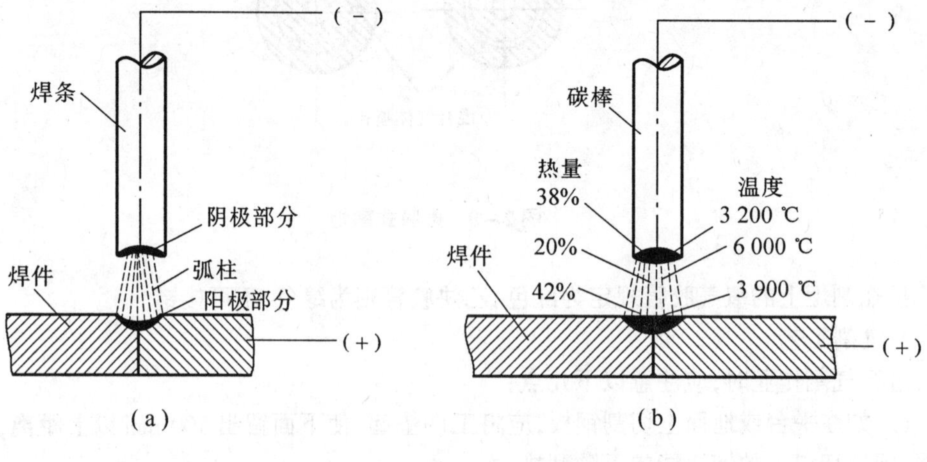

图 2 - 9　电弧及其温度与热量

(a)电弧的组成；(b)直流碳极电弧的温度和热量

电弧各部分的温度和所产生的热量是不同的。由于阳极表面接受高速电子的撞击，获得较大的能量，它的温度略高于阴极表面。在直流碳极电弧中，温度和热量的分布如图 2 - 9(b)所示。弧柱中心的最高温度为 6 000 ℃，但弧柱周围的温度要低得多，所以放出的热量仅占总热量的 20%。

2.手工电弧焊的设备和工具

(1)焊机　电弧焊机按焊接电源种类分直流弧焊机和交流弧焊机两类。直流弧焊机的优点是电弧稳定，焊接工艺性能较好，交流焊机的优点是结构简单，经济耐用，易于维修。

焊机按工作情况可分为单头和多头两类。单头焊机是一台焊机只供一个电弧使用，其工艺性能好，移动灵活。多头焊机可供多个电弧同时使用，比较适合于船厂多个焊工同时工作的特点。

由于电弧阳极和阴极的温度存在差异，用直流弧焊机焊接时，电路有正反两种接法。当焊件接焊机的正极，焊条接焊机的负极时，称为正接法。反之，称不反接法。在实际生产中，是根据焊条性质和焊件所需热量多少选用不同接法。对于低氢碱性焊条，要求用直流反接极。对于酸性焊条，一般是厚板用正接极，薄板用反接极。

(2)工具

焊钳　用以夹持焊条，要求导电性能好，外壳有良好绝缘，轻巧灵便，其结构见图 2－10。

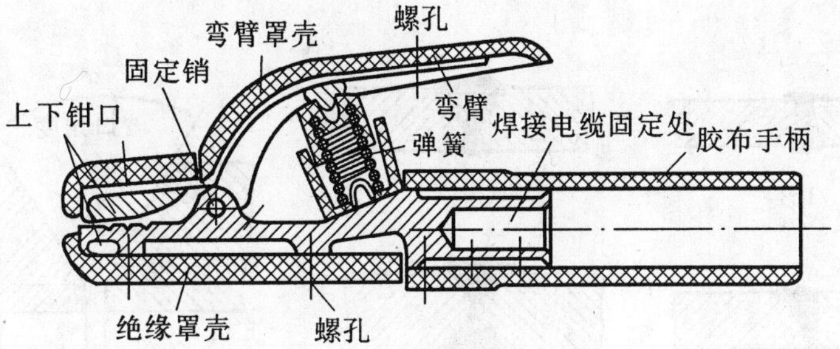

图 2－10　电焊钳的构造

面罩　保护脸部免受弧光和金属飞溅的灼伤。暗玻璃能减弱弧光的强度，同时也便于观察金属熔池的情况。

清渣锤　用来敲碎清除焊渣和检查焊缝。

钢丝刷　清除焊缝表面的铁锈和脏污。

3.焊条

手工电弧焊焊条由焊芯和药皮两部分组成。金属焊芯既作为导电的电极，又成为焊接时的填充金属，焊芯有低碳钢焊芯、合金钢焊芯和不锈钢焊芯等多种。焊条药皮的作用是提高电弧燃烧的稳定性，保护电弧和熔池，防止空气侵入，对焊缝金属起还原和掺和作用。同时，通过药皮还向焊缝金属补充一些合金元素，以提高焊缝金属的力学性能。焊条药皮中含有适量的造渣、稀渣成分，保证焊接时形成流动良好的熔渣，以得到美观的焊缝成形。

焊条型号是以国家标准为依据编制的，其编制方法如下：字母 E 代表焊条，如 E4315，四位数字中的前两位表示熔敷金属抗拉强度最小值(单位为 MPa)。第三位数字表示焊条的焊接位置。“0”和“1”表示焊条适合于全位置焊接(平、横、立、仰)。“2”表示焊条适合于平焊及平角焊。“4”表示焊条适合于向下立焊。第四位数字表示焊接电流种类及药皮类型。如“5”表示焊条药皮为低氢型，可采用直流反接极。

4.手工电弧焊工艺

(1)坡口准备和装配要求

船体结构中的焊缝接头型式有对接、搭接、角接及 T 字接头等四种，见图 2－11。

根据设计和工艺要求，在焊件的待焊部位加工成一定几何形状的坡口，有I型、单面V型、V型和X型等多种，如图2-12(a)所示。坡口的几何尺寸包括：坡口角度，指两坡口面之间的夹角α；根部间隙，指接头根部之间保留的间隙；钝边，指沿焊件厚度方向未开坡口的端面部分。坡口几何尺寸见图2-12(b)。正确的根部间隙和钝边保证根部能够焊透又不至焊穿。

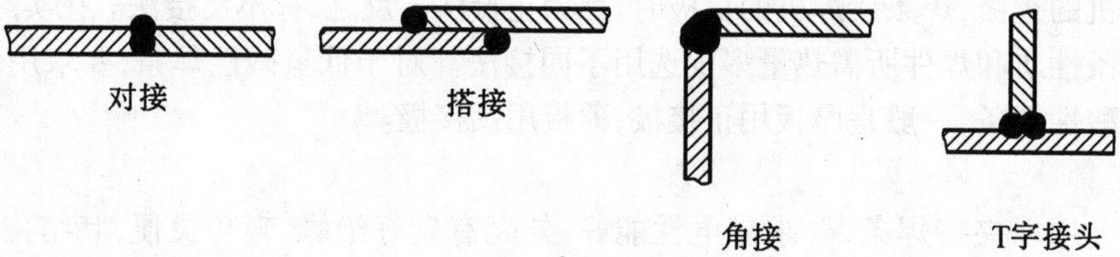

图2-11 焊缝接头型式

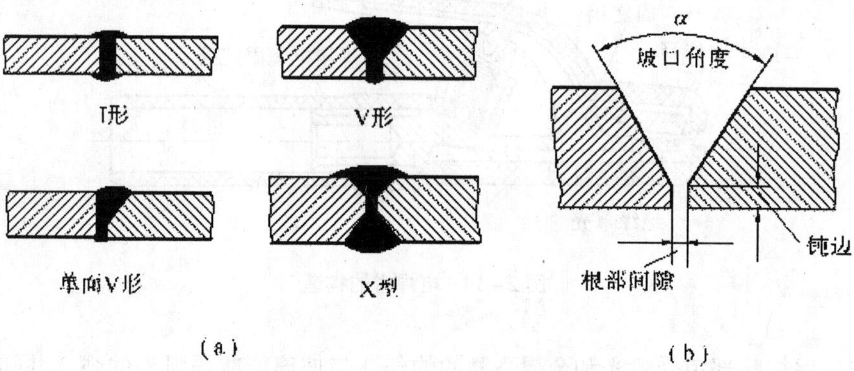

图2-12 坡口型式及几何尺寸

(a)坡口型式；(b)几何尺寸

焊接前必须将坡口表面及其周围的铁锈、油污、水、油漆及其他杂物仔细清理干净。如经碳弧气刨，还应清除残留在焊缝中的残渣。但经过试验证明对焊缝质量无影响的防护底漆可不予清理。

结构装配质量也是保证焊接质量的重要因素。等厚钢板对接时的平面度偏差一般不超过0.2倍板厚。装配间隙应符合有关标准规定和图纸要求，并要求间隙在整条焊缝上均匀一致。

(2)焊条直径和焊接电流的选择

焊条直径和焊接电流是手工电弧焊的主要工艺参数。

焊条直径根据所焊钢板厚度选择。表2-1中列出了对接焊时钢板厚度与焊条直径的关系。

表2-1

钢板厚度(mm)	<4	4~12	>12
焊条直径(mm)	不超过焊件厚度	3.2~4.0	≥4.0

选择焊条直径时,还要考虑接头型式和焊缝空间位置等因素。

焊接电流主要按焊条直径选择,见表2-2。焊接时,可根据焊条熔化和焊缝成形情况,有无飞溅等判断电流是否合适,及时调节。

表2-2

焊条直径(mm)	2.5	3.2	4.0	5.0
焊接电流(A)	50~80	100~130	160~210	200~270

(3)手工电弧焊的操作　进行手工电弧焊时,应掌握引弧、运条和焊缝收尾三个环节。

手弧焊的引弧方式有擦划式与碰击式两种。擦划式比较容易掌握。不论用哪种方法,都应在坡口内或未开坡口的接缝上引弧,以免在母材上残留弧伤。引弧的要领是焊条和焊件瞬间接触后迅速提起并保持2~4 mm的距离。

焊接时的运条同时存在三个基本动作,即沿焊缝方向的直线移动,焊条向熔池方向送进以及焊条的横向摆动,见图2-13。焊条向熔池方向送进,代表焊条熔化的快慢。焊条的横向摆动影响焊缝成形的宽度。焊条沿焊缝的移动代表焊接速度。焊接时,应根据焊条和焊件的熔化情况、熔池形状和大小的变化,灵活调整运条动作,使三者很好协调,将熔池控制在所需要的形状和大小的范围内。

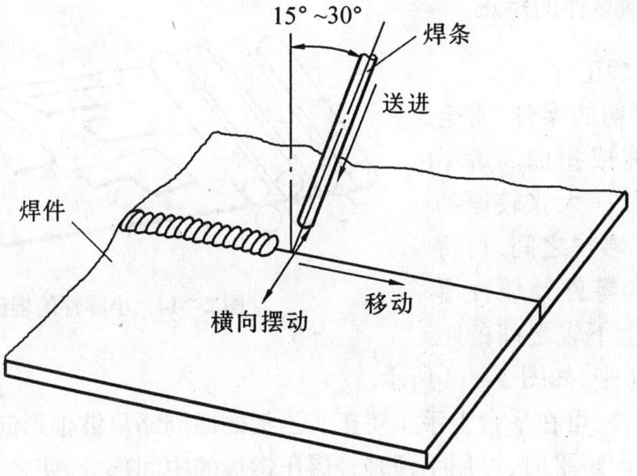

图2-13　焊条末端的动作

焊缝收尾时,无论焊缝处于什么位置,均应维持正常的熔池温度,做无直线移动的点焊动作,逐渐填满熔池。而后再将电弧迅速拉向一侧并提起使电弧熄灭。收尾处要避免出现弧坑。

5.定位焊　定位焊又称点固焊,用来固定装配中构件的相对位置。定位焊也是焊缝的一部分,应该保证具有相同的质量。定位焊一般应满足下列要求:

(1)定位焊应由合格焊工施焊,所用焊条应与正式施焊焊条相同。

(2)定位焊焊缝的质量应与正式焊缝的质量相同。如有不允许存在的砂眼,气孔等缺陷,应加以消除。

(3)定位焊应尽可能焊在坡口的反面、型钢的内缘和单面连续焊的另一面。

(4)焊件如要求焊前预热,定位焊也应局部预热到规定温度后再焊。

(5)要求全焊透的接头,应在清除定位焊后,再进行反面的焊接。

(6)用碳弧气刨清除定位焊时,如有渗碳或过热区,应按规定予以打磨。

(7)对要求不许直接在坡口内定位焊的构件,可用材料和母材相同的拉紧板焊接间接固定,焊后拆除。

(8)定位焊的长度一般为 25 ~ 50 mm,间距一般为 150 ~ 250 mm。

(9)定位焊不应焊在十字接缝交叉点处,和交叉点的距离应超过 10 倍板厚。

第四节 变形的矫正

在船体建造过程中,钢板、型钢、经过加工的零件,经过焊接的结构,都可能存在某种形式的变形。变形的存在不仅增加了下一道工序施工的难度,变形的积累还将影响结构的尺寸精度和质量。装配工应了解各种变形产生的原因和规律,掌握防止变形的措施和矫正变形的方法。

对初级装配工而言,应能用手工操作矫正由于剪切、气割等造成小零件的变形,和用火焰矫正由于焊接造成结构的热变形。

一、钢板和型钢零件的矫正

1.钢板零件的矫正

由剪切机床剪切的零件,常会产生较轻微的翘曲或扭曲。矫平大量这类零件,要放一大张较厚的钢板在辊床的上下碾辊之间,再将变形的相同厚度的零件铺放在厚钢板上,然后调整上下辊之间的距离,来回碾压将其矫平,如图 2 – 14 所示。

图 2 – 14 小零件的辊压矫正

较薄的钢板零件,可在平台上手工矫正。当板的四周略呈波浪形起皱时,是因为钢板周边的纤维比中间长。矫平时,可用手锤轻轻碾压钢板的中间部分,使之延展而变平。如果板的中间部分凸起,则用平锤轻碾板的周边使之延展。气割而成的圆盘形薄板零件,往往产生中间凸起的冠状变形,这是因为周边经气割产生热塑收缩变形引起的。经单侧气割而成的长板条,也会因相同原因产生弯曲变形。都可在平台上用锤击使部分金属延展的方法使之矫正平直,如图 2 – 15 所示。船体结构中的一些小零件,如肘板、补板,加强筋的微小变形都可在平台上手工锤击予以矫正。

2.型钢零件的矫正

扁钢、角钢、圆钢和圆管的弯曲变形,可在平台上或圆墩上用锤击的方法将其矫直,小型型钢的扭曲则在虎钳或平台上夹紧后用扳手将其扭正,型钢手工矫正如图 2 – 16 所示。

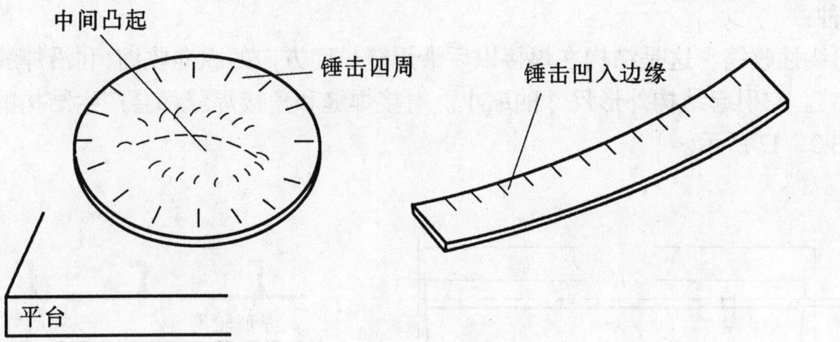

图 2－15　锤击矫正变形

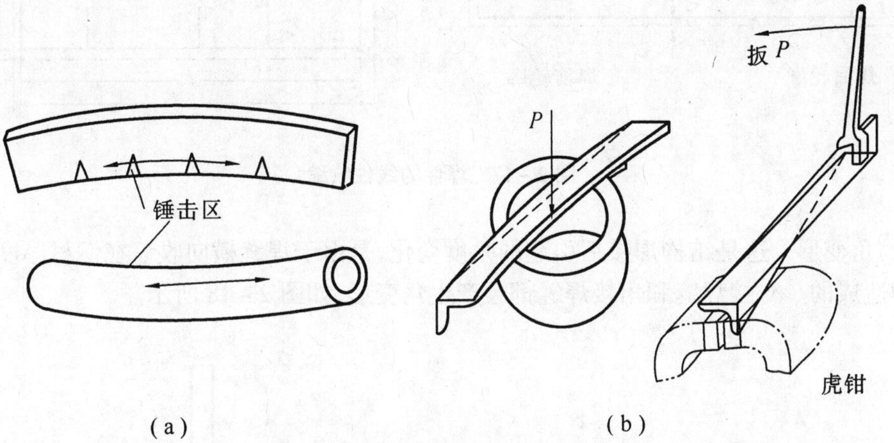

图 2－16　小型钢的手工矫正

(a)锤击延展；(b)弯曲扭转

二、火焰矫正

(一)焊接变形

1. 变形的实质　焊接产生的变形是装配过程中结构变形的主要原因。结构的焊接变形主要采取火焰加热的方法予以矫正。

焊接变形是一种热塑压缩变形，这在焊接过程中是无法避免的。因为焊接过程是焊件金属局部受热的过程。因为焊缝及其附近的金属受热时(一般都在 800 ℃以上，金属已处于热塑状态)发生膨胀，由于受到周围冷金属的约束，无法自由膨胀而受到压缩，产生了塑性压缩变形。当焊缝处的金属冷却时，周围的金属又阻止这部分金属收缩，从而在金属内部产生拉伸应力导致结构产生收缩和变形。这就是焊接变形产生的实质。

所有焊缝在冷却后都是收缩的，它对周围金属都产生拉伸的作用。据此可大致判断结构变形的趋势和所能发生的变形的形式。

2. 结构焊接变形的形式

结构的焊接变形是指焊接结束,金属完全冷却后残留下来的永久变形。常见的变形有以下几种:

(1)线性收缩　这是结构在焊接以后沿焊缝长度方向的纵向收缩,和沿焊缝宽度方向的横向收缩。它引起结构外形尺寸的缩小。对接焊缝和角接焊缝都会产生结构的这种线性收缩,如图 2-17 所示。

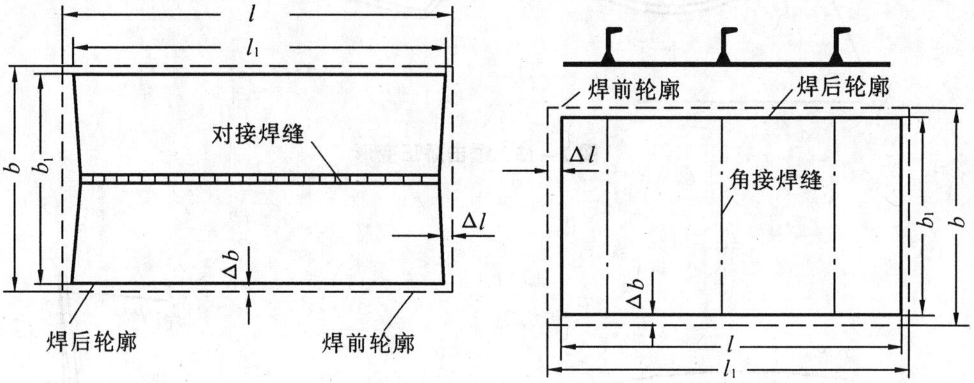

图 2-17　焊件的线性收缩

(2)角变形　这是结构焊接后引起的角度变化,是由于焊缝横向收缩在钢材厚度上分布不均匀造成的。对接焊缝和角接焊缝都会产生角变形,如图 2-18 所示。

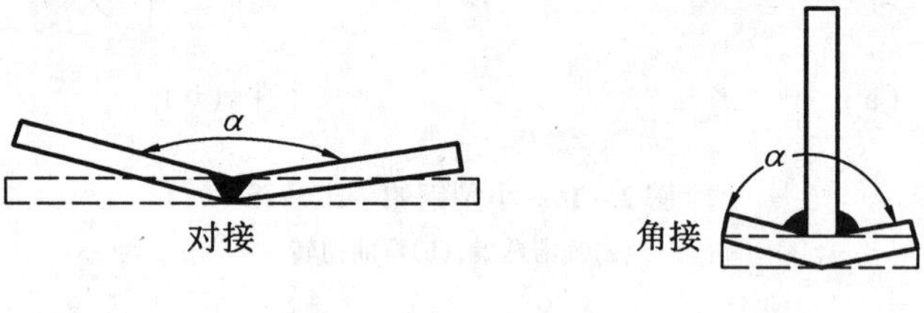

图 2-18　焊接角变形

(3)弯曲变形　当焊缝的位置不在结构的中性轴上时,焊缝的纵向和横向收缩将导致结构产生弯曲变形。图 2-19 所示为 T 型梁焊接后所产生的弯曲变形。船体分段装焊后也会产生分段纵向和横向的弯曲变形。

(4)波浪变形和扭曲　船体各部分的结构都是板架结构。板和骨架焊接后,往往由于结构失稳而产生局部凹凸波浪变形;这种变形在板厚小于 7 mm 的薄板结构中尤为常见。某些细长的构件,焊接后还可能出现扭转变形。图 2-20 所示即为波浪变形和扭曲变形。

3.影响焊接变形的因素

结构的焊接变形虽然总是存在的,但这种变形又有一定的规律。掌握影响变形的因素,就能控制或减少结构的焊接变形。影响焊接变形的因素,主要有以下几个方面:

(1)结构在焊接过程中的受热程度　受热越大,产生的变形就越大。这和焊缝数量,坡口角度,装配间隙,以及焊接电流大小,焊接速度快慢都有关系。这是焊接结构设计和焊接

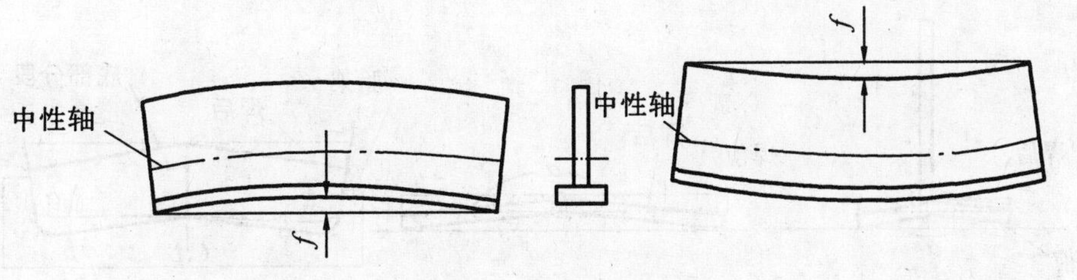

图 2－19　焊件弯曲变形

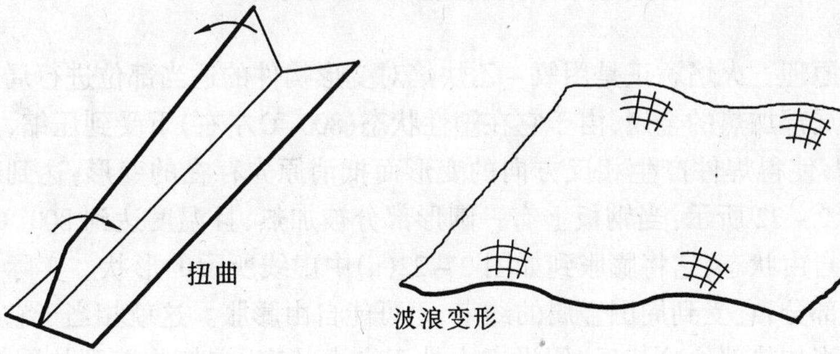

图 2－20　波浪变形和扭曲

规范选择所应考虑的问题，也和结构的装配质量有关。

(2)焊缝的位置　焊缝距中性轴越远，焊接所引起的变形就越大。

(3)结构的装配和焊接顺序　提高结构装配的程度可减小焊接产生的变形。将复杂结构划分为较小的装配单元，如将船体划分为分段，分段划分为部件，都可减小总体的变形，并有利于通过中间矫正而避免变形的积累。

(4)结构的刚性　在相同的焊接条件下，结构刚性越大、变形越小。如结构在焊接前的临时加强，将结构临时连接于胎架或平台上，都是增大工件刚性的措施。

(二)减小变形的措施

分析影响焊接变形的各种因素，就可采取相应措施，最大程度地减小结构因焊接而产生的各种变形。

1.反变形　根据焊接变形规律和变形数值的分析，可以在焊接前使焊件形成大小相同而方向相反的预先变形，以减小或抵消焊后产生的变形。如图 2－21 所示。焊接 T 型材、对接钢板以及在胎架上装配的船体分段，都可采取反变形。

2.增加结构刚性　用装配夹具将焊件间的相对位置牢固固定，用马板将焊件固定于胎架或平台上，设置临时支撑，加压重物等，都可以起到增加结构刚性的作用，能有效减小结构的焊接变形，是装配中经常采用的方法。

3.选择正确的施焊顺序　较长的焊缝采用分段焊或逐段退焊，复杂的大型结构由双数焊工对称于中性轴施焊，都有减小变形的效果。

此外，正确的焊缝坡口和间隙也能控制熔敷金属的数量以减轻结构变形的程度。

(三)变形的火焰矫正。

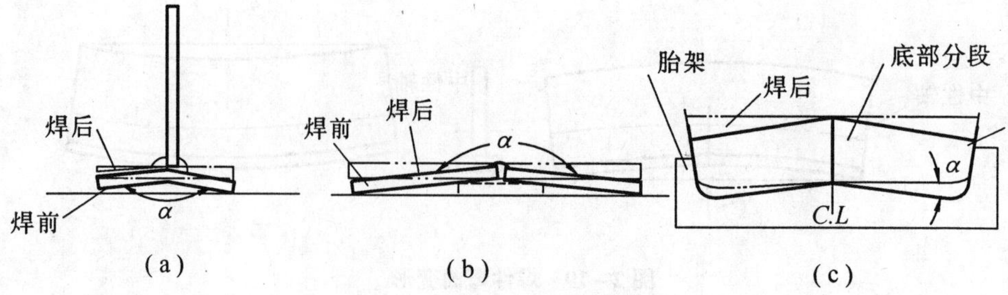

图 2-21　反变形

(a)T 型件反变形;(b)对接反变形;(c)胎上反变形

1.火焰矫正的原理　火焰矫正是用氧-乙炔焰对变形构件的适当部位进行局部加热来矫正变形的。受到局部加热的金属,由于它在塑性状态(800 ℃左右)下受到压缩,这部分金属冷却后必然收缩,使得焊件产生相反方向的变形而抵消原先存在的变形,达到矫正的目的。这个过程如图 2-22 所示:当钢板上有一圆形部分被加热,且温度达到 800 ℃左右时,假设该处金属处于自由状态,它将膨胀到如图 2-22(a)中虚线所示的形状。实际上该处金属只是板上的一小部分,它受到周围金属的约束,不可能自由膨胀。这就相当于它被强制压缩到原来的大小。当加热部位冷却后,假设它也处于自由状态,它将收缩到如图 2-22(b)中虚线所示的形状。实际上该处金属也只是板的一小部分,它受到周围金属的约束,不可能自由收缩。于是它就对周围金属产生拉伸力,如图 2-22(c)所示。正是这个由局部加热最终产生的拉伸力,造成结构新的变形,从而使原先存在的变形得以矫正。

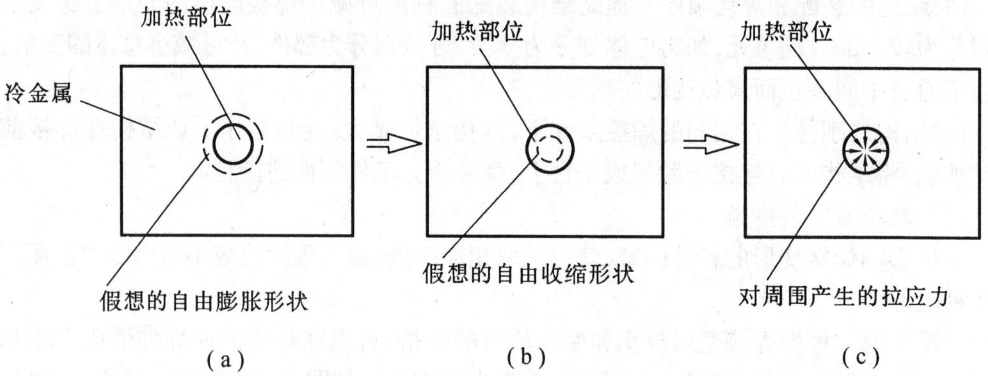

图 2-22　局部加热时的变形和应力

(a)加热时;(b)冷却时;(c)产生的应力

无论以圆形、条形或三角形的哪一种形式对金属局部加热,冷却后该部分金属都是收缩的,都对周围金属产生拉伸作用造成新的变形。这就是火焰矫正的实质。

2.影响火焰矫正效果的因素

影响火焰矫正效果的因素有以下几个方面:

(1)加热部位　这是影响矫正效果的关键因素。加热部位不正确不但达不到矫正的目的，甚至可能加重原有的变形。一般都选择在结构上需要收缩的部位进行加热。而且加热部位离结构中性轴越远，产生的变形越大，矫正作用越明显。

(2)加热状况　被局部加热到热塑状态的金属越多，和周围常温金属的温差越大(包括厚度方向)，产生的矫正力就越大。这和加热区的形状、分布以及加热的速度都有关系。

(3)结构刚性　结构的刚性越大，在同样加热条件下产生的变形越小，结构变形的矫正越困难。

通常采用的加热部位有圆形(或圆点)、条形和三角形三种形状。

3.火焰矫正举例

(1)圆管弯曲变形的矫正　加热部位选在圆管凸起的部位，采用点状加热，见图2－23。加热温度在800 ℃左右，加热速度要快，从一点迅速移到另一点。根据变形大小反复进行，直到圆管矫直为止。

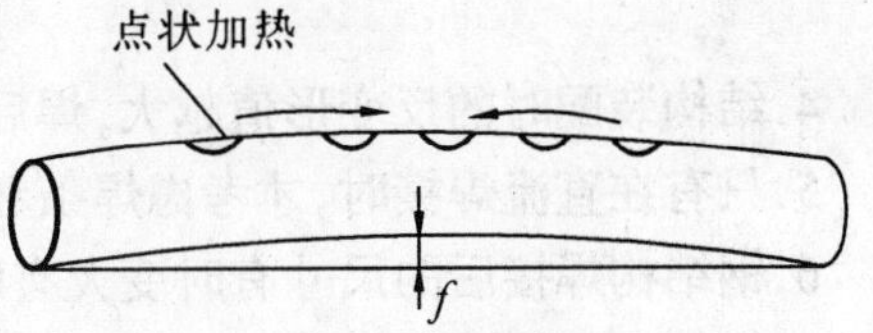

图2－23　弯曲圆管的矫正

(2)T型梁角变形的矫正　这种变形是由腹板和面板间的角焊缝引起的，如图2－24所示。沿焊缝背面用条状加热法矫正。加热线一般不应超过焊缝的宽度，加热的深度不要超过面板的厚度，用一定的加热速度，造成面板厚度方向的温差，使之产生明显的角变形。对于厚板可进行两次线状加热。

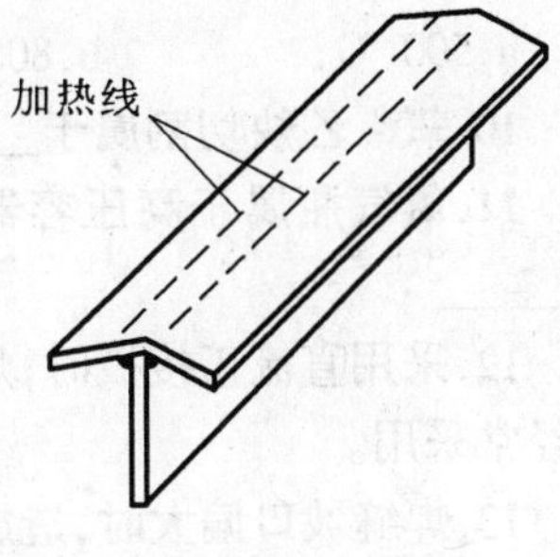

图2－24　角变形的矫正

(3)T型梁弯曲变形的矫正　当T型梁向着腹板方向弯曲时，如图2－25(a)所示，用三角形法在腹板边缘加热，加热顺序由腹板中部向两端。多次进行时，要变换加热部位，选在已加热区的中间。板边处的加热宽度一般为20～30 mm，顶角约30°，三角形的高度不应超过腹板高度的2/3，间距约为500～600 mm。

当T型梁向着面板方向弯曲时，则在面板上作条形加热矫正，如图2－25(b)所示。腹板不在面板中心的不对称T型梁，焊后有时产生面板平面内的纵向弯曲，也可用同样的方法在面板的一侧用三角形法加热矫正。

复杂变形的火工矫正，将在中级工艺学中予以介绍。

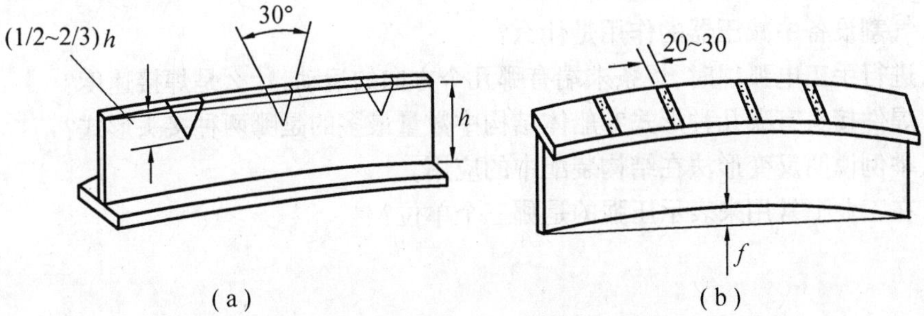

图2－25　弯曲变形的矫正

练 习 题

1.氧－乙炔焰的温度超过3 000 ℃,所以能够用来切割各种金属材料。 ( )

2.逆直线是划在未经弯曲加工的型钢上的一条特殊曲线,用来检查型钢零件弯曲后的形状。 ( )

3.用水火弯板的方法加工异向弯曲的鞍形板时,加热线分布在钢板的边缘部分。 ( )

4.结构装配时的反变形值越大,焊后产生的变形越小。 ( )

5.只有在直流焊接时,才考虑焊条和工件各接在电源的哪一极。 ( )

6.钢结构焊接后的尺寸有时变大有时缩小,视结构的型式而异。 ( )

7.构件因气割或因焊接产生的变形,其实质是完全相同的。 ( )

8.金属局部受热时产生的热塑压缩变形,只有害而无利。 ( )

9.火工矫正时,为了使局部金属处于热塑状态,温度应达到________左右。

a.500 ℃;　　b.800 ℃;　　c.1 000 ℃;　　d.1 200 ℃

10.氧－乙炔切割属于________切割,等离子切割属于________切割。

11.氧气瓶属于高压容器,放置位置应距明火________ m以上,瓶阀部位不允许接触________。

12.采用直流正接极时,焊条端的温度和热量略________于焊缝处,在________板焊接时经常采用。

13.焊缝坡口偏大时,造成____________过多,焊缝间隙偏大时则容易出现________现象。

14.局部加热时,受热部位的金属____________受阻,受到周围冷金属的____________而产生塑性变形。

15.火焰矫正时构件被加热的部位一般就是需要其________________的部位。

16.焊缝坡口的几何尺寸是指:____________、____________和根部间隙。

17.定位焊应尽可能焊在坡口的________,型钢的________和单面连续焊的________面。

18.选择焊接规范时,电流大小、________________以及____________三者之间存在一定的关系。

19.气割设备中减压器的作用是什么?

20.进行手工电弧焊时,焊条末端有哪几个方向的运动,什么是焊接速度?

21.焊件接头有哪几种形式?船体结构中数量最多的是哪两种接头形式?

22.举例说明反变形法在结构装配中的应用。

23.在工业上常用来表示压强的是哪三个单位?

第三章　船体装配中的测量

钢结构装配过程中的定位、划线,以及结构装焊结束后的完工检查,都伴随着相应的测量作业。装配测量技术包括:合理选择或设置测量基准;正确使用测量工具和仪器;进行相关的计算,准确而迅速地完成规定项目的测量。结构装配中的测量项目主要有:线性尺度测量、平直度测量、水平度测量、垂直度测量以及角度测量。

第一节　测量基准

技术测量中被选作测量依据的点、线或面称为测量基准。一般情况下,多以构件定位基准作为测量基准。测量基准可以选在工件上,也可以选在工件外,如选在平台、胎架或船台上。

图 3-1 所示的圆锥台漏斗,其上小法兰装配时,要测量其定位尺寸 b 时,即以漏斗上的直径较大的 M 面作为测量基准。

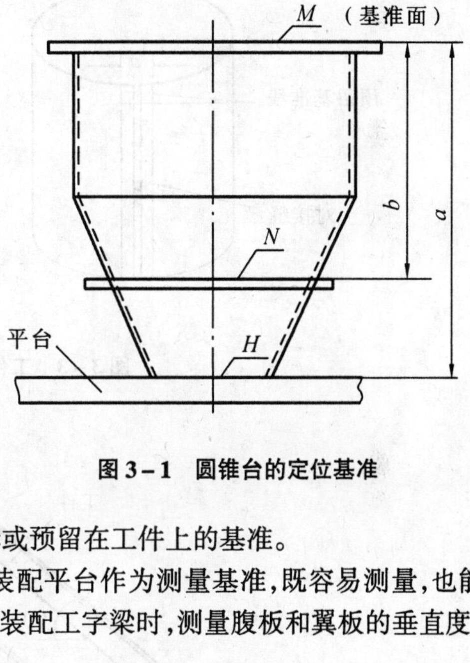

图 3-1　圆锥台的定位基准

在分段装配过程中,常在板件上预先作出两条相互垂直的线,俗称十字线,以此作为构件定位的基准,同时也就作为测量的基准,如图 3-2 所示。图 3-3 所示为预留在工件上的测量基准线。在工件边缘切割后进行对接时,测定其间的预留距离 a,以保证其正确的对接尺寸。上述基准都是选择或预留在工件上的基准。

当结构在精度较高的平台上装配时,常以装配平台作为测量基准,既容易测量,也能保证测量结果的准确。如图 3-4 所示,在平台上装配工字梁时,测量腹板和翼板的垂直度,就可以用角尺测量翼板与平台的垂直度来代替。

当在胎架上装配分段时,常在胎架上用水准仪或水平软管预先设置一个水平面,作为确定胎架支撑面(胎板型线)的测量基准,也作为在分段建造过程中检查胎架有无变形的基准。设置在胎架上的中心线则作为分段宽度方向的定位、测量基准,参见图 6-16。

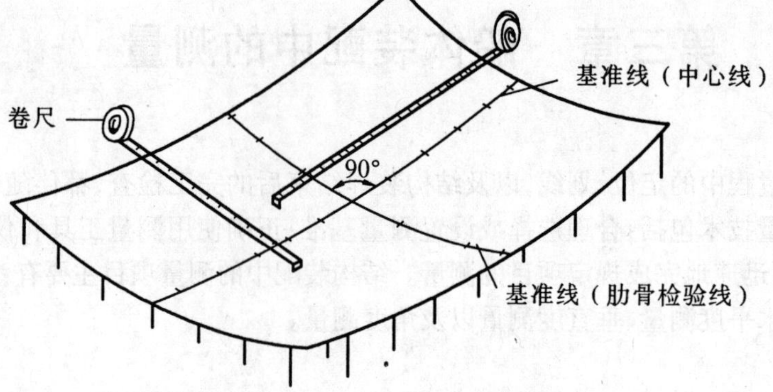

图 3－2　分段板上的基准线(十字线)

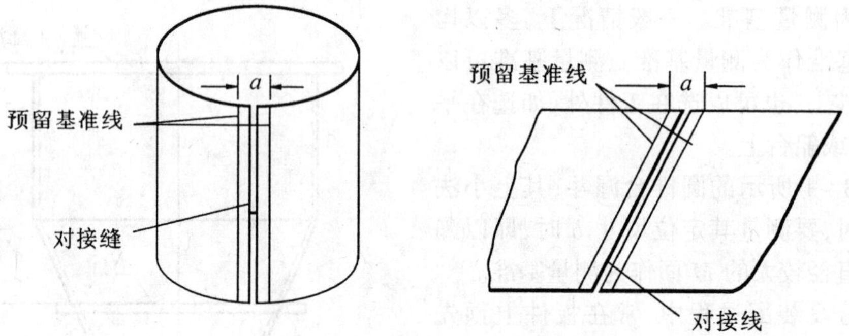

图 3－3　工件上预留的基准线

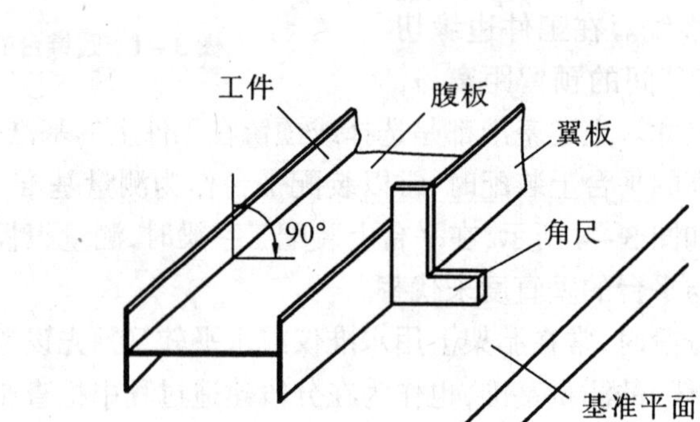

图 3－4　平台作测量基准

第二节　平直度测量

构件平直度指构件边缘的直线度和结构平面的平整度　构件边缘的直线度可直接用钢尺或拉粉线检查。精度较高的装配平台本身也可作为检查构件边缘直线度的依据。长度较大时则拉钢丝或用激光经纬仪检查其直线度。图 3-5 所示为用激光经纬仪检查完工船体的船底纵向直线度的方法。以激光线为基准直线，测量船底外板各处的挠度，即可测定其直线度。

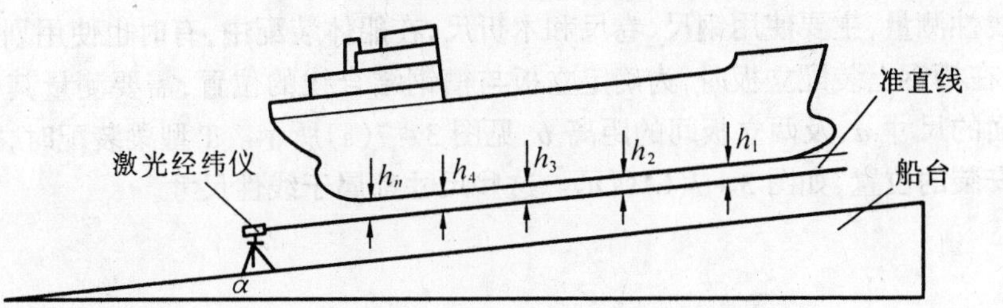

图 3-5　检查船底纵向直线度

结构的平面度可以交叉拉粉线检查　如检查分段骨架上缘是否在同一平面，可在分段四角的上缘选取 A,B,C,D 四点，各向上 15 mm，用粉线对角相连，见图 3-6。若两条粉线恰好相交，则两条相交直线形成了一个基准平面。以此平面为准，从一点(图中的 B 点)向不同方向拉粉线，当骨架上缘各点距粉线均为 15 mm 时，说明骨架上缘平面度良好。若有高

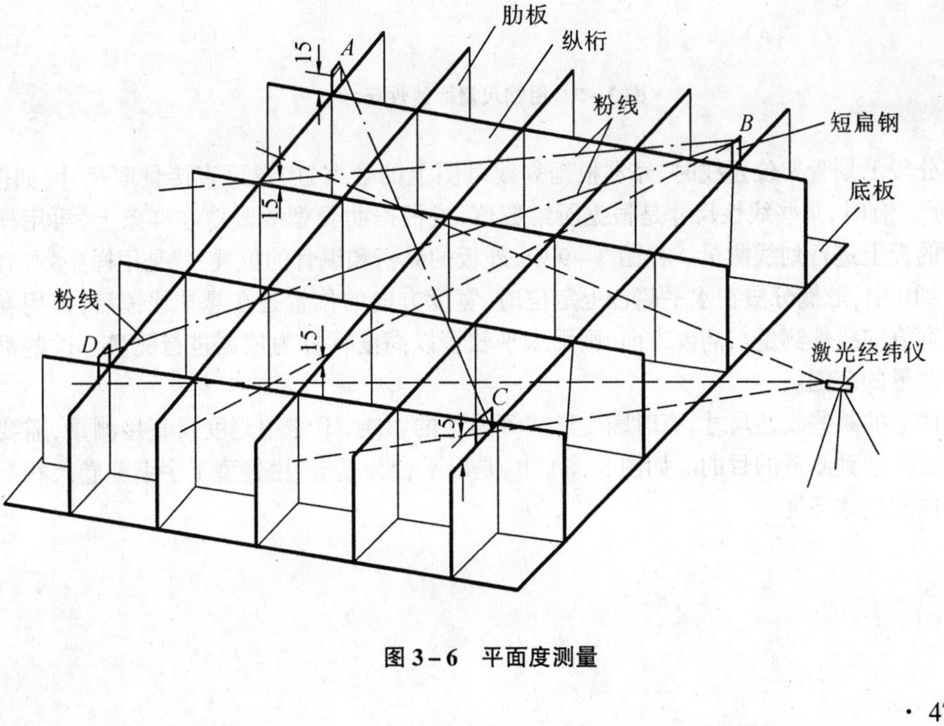

图 3-6　平面度测量

度误差，需要修整该处构件的边缘。平面度也可用激光经纬仪检查，如图所示，当仪器整平后，将望远镜的仰角定为零度，当望远镜绕竖轴旋转时，激光束扫过一个水平面，以此为准即可检查构件上缘的平面度。

第三节　线性尺寸的测量

线性尺寸是指被测的点、线、面与测量基准间的距离。它包括结构的绝对尺寸（形状尺寸）和构件间的相对尺寸（位置尺寸）。线性尺寸测量是装配中最频繁的测量项目。在进行其他项目的测量时，往往也要辅以线性尺寸的测量。

进行线性测量，主要使用钢尺、卷尺和木折尺，在船体装配中，有时也使用划有标志的样棒。例如，在槽钢上装配立板时，为确定立板与槽钢结合线的位置，需要测量其中一块立板距槽钢端面的尺寸 a，及两立板间的距离 b，见图 3－7(a)所示。T 型梁装配时，需在面板上划出腹板安装的位置，如图 3－7(b)所示。这些尺寸都属于线性尺寸。

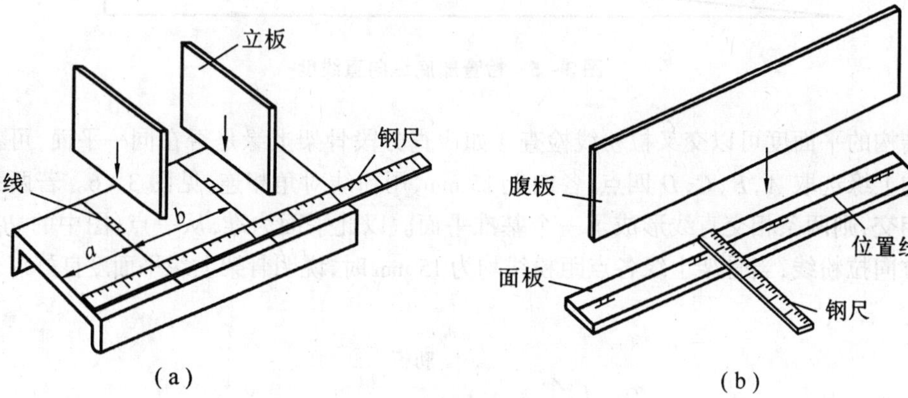

图 3－7　用钢尺量取线性尺寸

在分段上划骨架位置线时，经常根据划线草图上的数据，用卷尺直接量取尺寸，如图 3－8 所示。有时，某些线性尺寸是根据所给数值，或根据肋骨型线驳取在样条上，再用样条在分段的板上进行划线测量。在图 3－9 中，外板的纵桁和纵骨的位置，就是用样条划出的。在图 3－10 中，舷侧分段在水平船台上定位时，宽度方向的位置是在悬挂线锤后，再用卷尺进行半宽值的线性测量。高度方向，则用水平软管以高度标杆为依据进行测量。这些都属于线性测量的范围。

构件上的某些线性尺寸，有时因受形状等因素的影响，不能用刻度尺直接测量，需要借助其他工具达到测量的目的。如图 3－11 中，是以平台为基准，由轻型工字钢和卷尺相配合测量工件的整体高度。

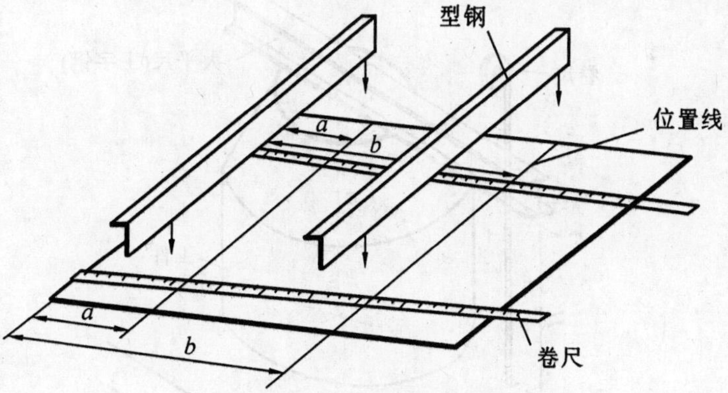

图 3-8　用卷尺量取线性尺寸

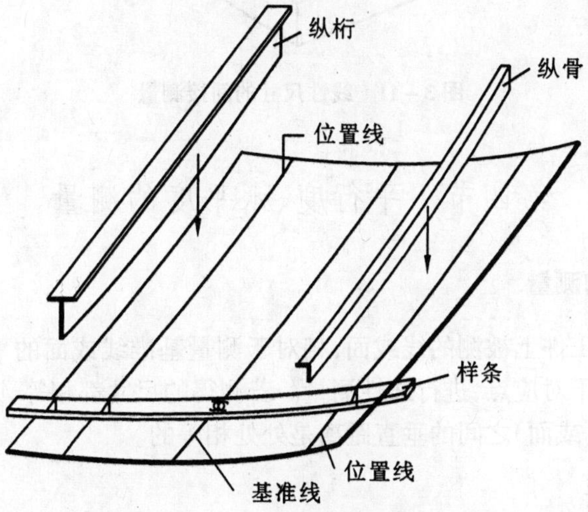

图 3-9　用样条量取线性尺寸

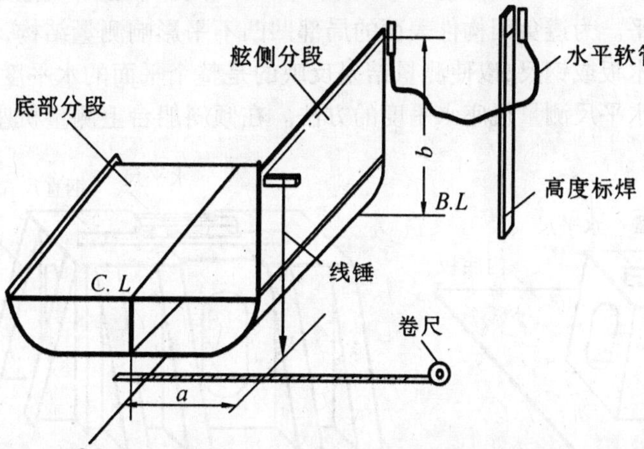

图 3-10　分段位置的线性测量

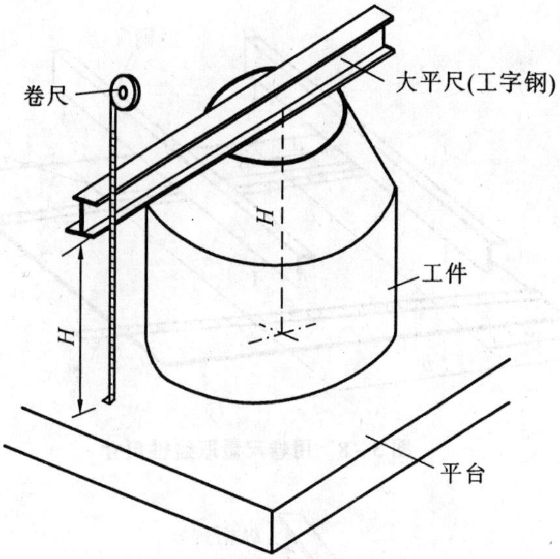

图 3－11　线性尺寸的间接测量

第四节　平行度、水平度的测量

一、相对平行度的测量

相对平行度是指工件上被测的线或面，相对于测量基准线或面的平行度。通常是在两条线(或面)上选定若干对应点，进行线性测量。若测得的尺寸都相等，说明两条线(或面)互相平行。因为平行线(或面)之间的垂直距离是处处相等的。

二、水平度的测量

装配中常用水平尺、水平软管、水准仪或激光经纬仪进行构件水平度的测量。

1.用水平尺测量　水平尺是测量水平度最常用的工具。当管中气泡处于正中位置时，说明构件被测面水平。为避免因构件表面的局部凹凸不平影响测量结构，有时需在水平尺下面垫一平直的厚木板或钢尺，以使测量结果反映的是整个平面的水平度。图 3－12 所示为在水平船台上用水平尺测量机座水平度的方法。在倾斜船台上测量机座水平度时，需在

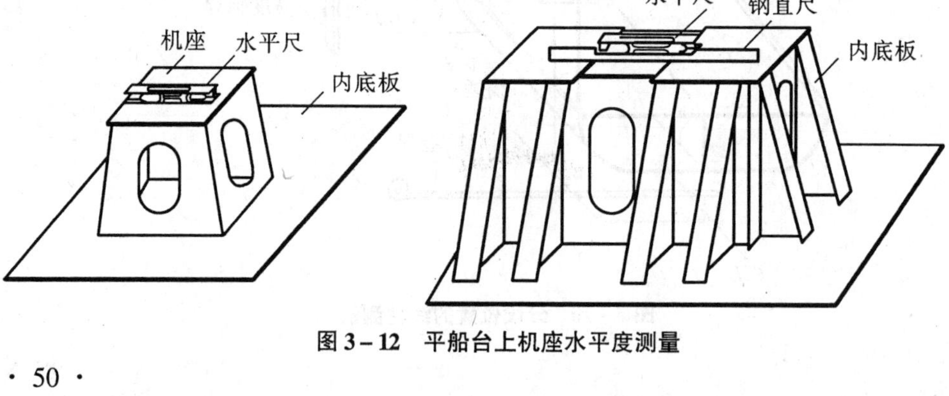

图 3－12　平船台上机座水平度测量

水平尺下垫以斜度样块，样块的斜度就是船台的坡度，如图 3－13 所示。

2.用水平软管测量　图 3－14 所示为在内底板上测量底部分段水平度的方法。取两根划有相同刻度的标杆，把玻璃管分别贴靠在标杆上。其中的一根标杆立于被测平面的一角，另一根标杆连同玻璃管先后置于其余三个角点上。若观察到两玻璃管内水面的高度值都相同时，即管内水平面与两标杆上的标志线都重合时，说明分段成水平状态。图 3－15 为用水平软管测量横舱壁的左右水平度。这时是以划在横舱壁上的一条水线作依据。

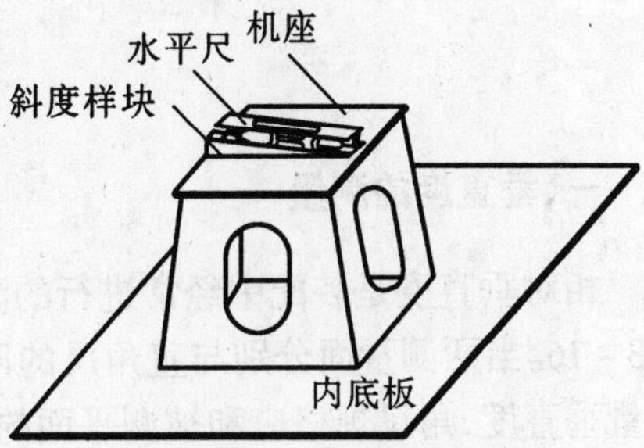

图 3－13　斜船台上机座水平度测量

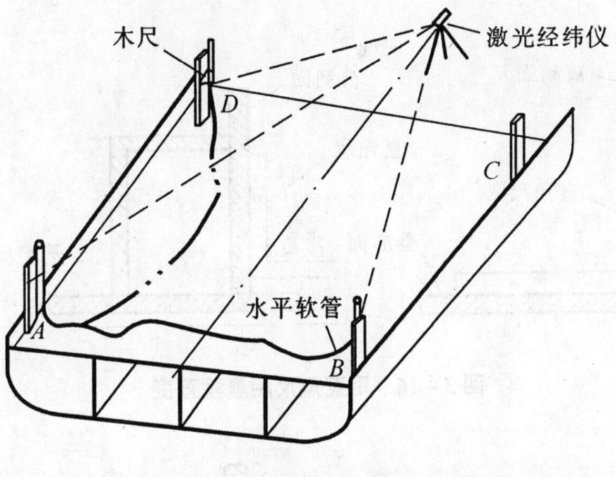

图 3－14　分段水平度测量

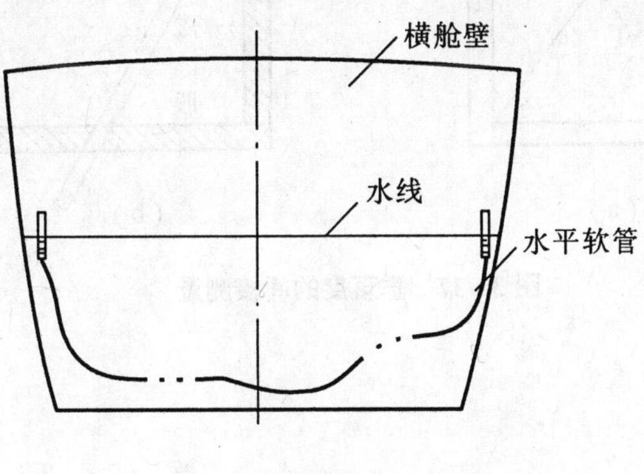

图 3－15　横舱壁水平度测量

第五节　垂直度、铅垂度的测量

一、垂直度的测量

相对垂直度是装配中经常进行的测量项目。相对垂直度通常都用直角尺直接测量，见图3－16。当两测量面分别与直角尺的两个工作尺面贴合时，说明两平面垂直。使用直角尺测量垂直度，角尺规格应和被测平面的尺寸相适应。当构件的被测面长度远远大于直角尺的长度时，测量结果就不够准确。垂直度也可以通过间接的方法测量。在图 3－17 中，(a)为测量对角线 *ab*，*cd* 是否相等检查型钢框架的四角是否垂直；(b)则为利用勾股定理测量两平面或两直线的垂直度。

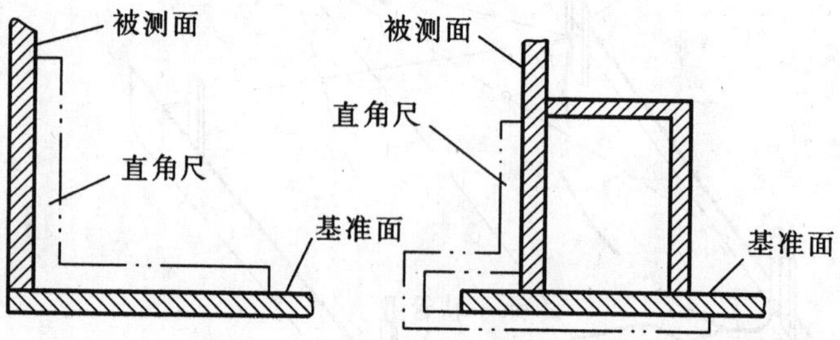

图 3－16　用直角尺测量垂直度

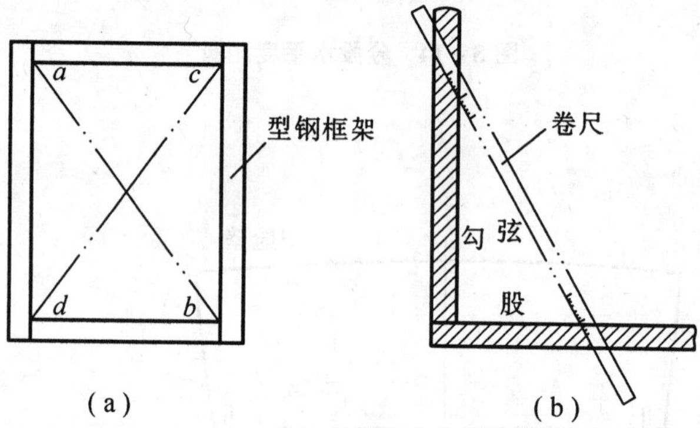

图 3－17　垂直度的间接测量

二、铅垂度的测量

1.用水平尺测量铅垂度　水平尺既可用于测量小构件的水平度，也可用于测量小构件的铅垂度。图 3－18 为在平船台上同水平尺测量舷墙肘板铅垂度的方法。先如图中(a)将水平尺置于肘板的直边上，如气泡居中，表示肘板直边(即在横剖面方向)成垂直状态。再如图中(b)，将水平尺置于肘板的侧面，测量肘板在纵向是否垂直。在倾斜船台上测量舷墙肘板的纵向铅垂度时，由于船台坡度的影响，需在水平尺下垫放斜度样块，如图 3－19 所示。

在分段上安装肋板，纵骨和纵桁时，也都用水平尺测量其铅垂度。

2.用线锤测量铅垂度　在船体装配过程中，比较大的构件都悬挂线锤测量其铅垂度，如图 3－20 所示，在舱壁左右两边扶强材位置的上端，各焊一扁铁，距舱壁板 S 荡下线锤，在舱壁下端用木尺测量线锤至舱壁的距离。若 $S_1 = S$，舱壁为铅垂。若 $S_1 > S$，舱壁为向船首方向倾斜。若 $S_1 < S$，舱壁为向船尾方向倾斜。有艏、艉倾斜时，调整舱壁位置，直至 $S_1 = S$ 时为止。

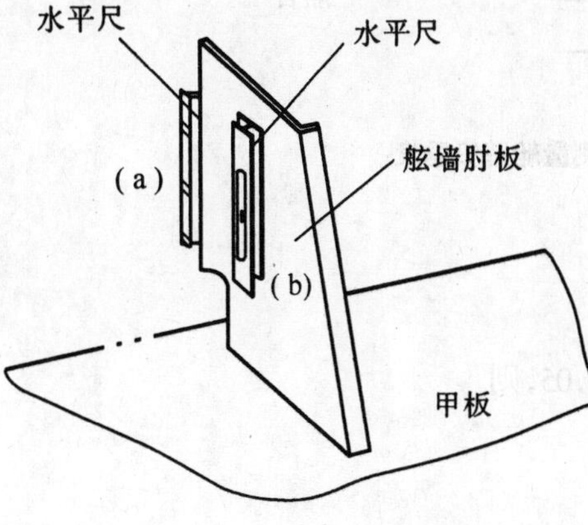

图 3－18　平船台上铅垂度测量

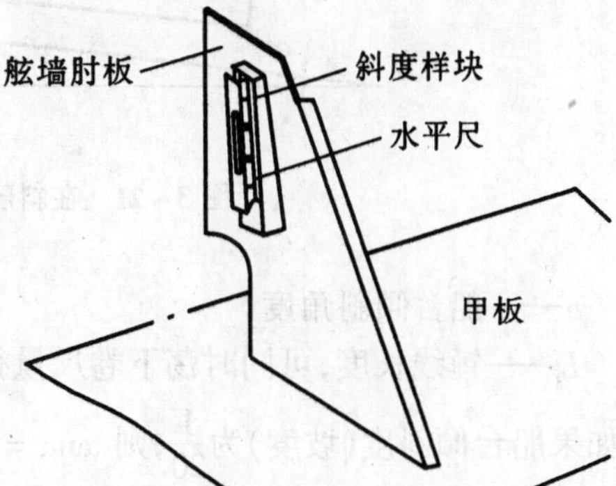

图 3－19　斜船台上铅垂度测量

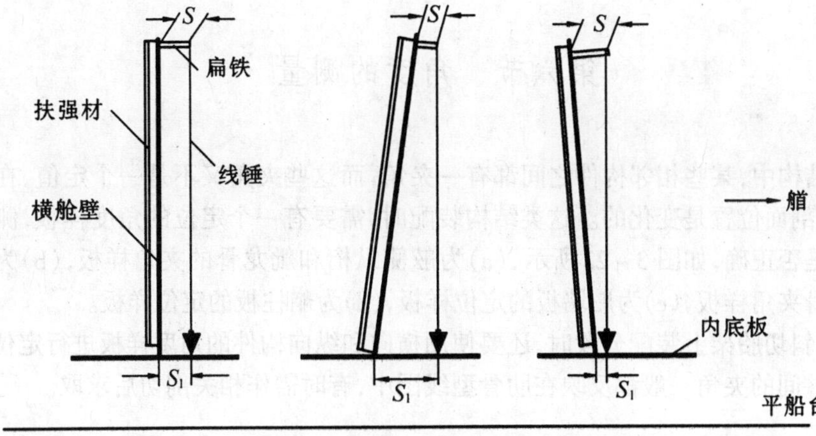

图 3－20　在平船台上测量舱壁铅垂度

在倾斜船台上，由于船台表面与水平面成一倾角 α。当舱壁和船台（即船体基线）垂直时，若从舱壁上端荡线锤，则线锤和舱壁之间也有一夹角 α，见图 3－21。

图中

$$\frac{S}{L} = \tan\alpha, \quad S = L\tan\alpha$$

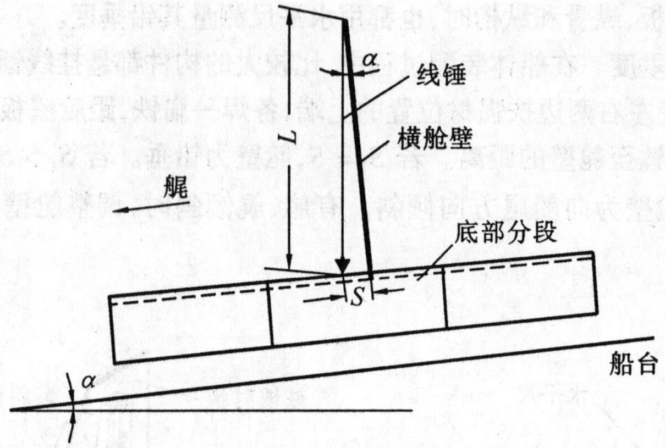

图 3－21　在斜船台上测量舱壁铅垂度

式中　α——船台倾斜角度；

L——锤线长度，可同时荡下卷尺量得。

如果船台倾斜度（坡度）为$\frac{1}{20}$，则 $\tan\alpha = \frac{1}{20} = 0.05$，则

当 $S = 0.05L$ 时，舱壁垂直于基线；

$S > 0.05L$ 时，舱壁向船尾倾斜；

$S < 0.05L$ 时，舱壁向船首倾斜。

由于船台坡度 α 角很小，在测量中可认为 $\tan\alpha = \sin\alpha$，以便于计算。一般情况下，船体基线都平行于船台表面，基线的坡度也就是船台的坡度。

第六节　角度的测量

在船体结构中，某些相邻构件之间都有一夹角，而这些夹角又不是一个定值，在各个肋位上，不同的剖面位置是变化的。这类结构装配时，需要有一个定位的角度样板，测量两构件间的夹角是否正确，如图 3－22 所示，(a)为舷侧纵桁和舭龙骨的夹角样板，(b)为散装时的艉部斜肋骨夹角样板，(c)为舷墙板的定位样板，(d)为艏柱板的定位样板。

此外，在斜切胎架上装配分段时，还要使用横向和纵向构件的角度样板进行定位测量。

相邻构件间的夹角一般都反映在肋骨型线图中，有时需作相关剖切后求取。

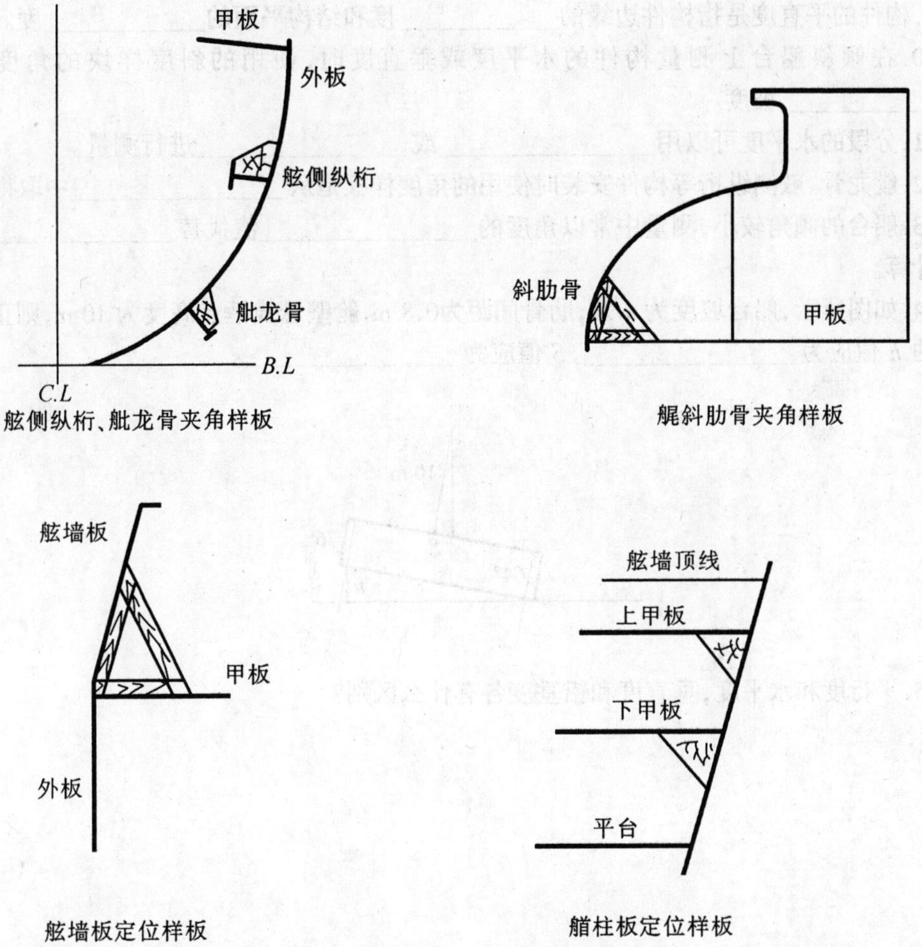

图 3－22　用样板测量夹角

练　习　题

1.测量的基准常常也是构件定位的基准。（　）

2.作为测量基准的只能是面而不能是线。（　）

3.十字线是指划在平台或平板上的两条互相垂直的直线，曲面上没有十字线。（　）

4.在平台或胎架上装配分段时，可以平台或胎架作为构件高度方向的测量基准。（　）

5.线锤在任何情况下都只能用来测量构件的铅垂度而不能用来测量水平度。（　）

6.卷尺有时也可用来测量构件之间的垂直度。（　）

7.构件的长度、宽度和高度是________尺寸，构件在长、宽、高方向的位置是

________尺寸。

8.线性尺寸一般都用________或________进行测量。

9.构件的平直度是指构件边缘的________度和结构平面的________度。

10.在倾斜船台上测量构件的水平度或垂直度时,使用的斜度样块的角度等于________坡度。

11.分段的水平度可以用________或________进行测量。

12.舭龙骨、舷侧纵桁等构件安装时使用的角度样板是从________中取得。

13.船台的倾角较小,测量中常以角度的________值代替________值进行计算。

14.如图所示,船台坡度为1/20,肋骨间距为0.8 m,舱壁悬线锤点高度为10 m,则正确定位时的 h 值应为________,S 值应为________。

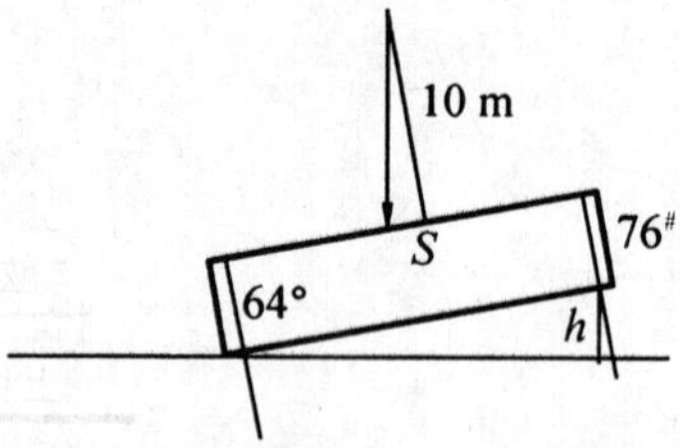

15.平行度和水平度,垂直度和铅垂度各有什么区别?

第四章 钢结构装配基本操作

第一节 装配概述

钢质船体和舾装件,都是典型的钢结构。在钢结构的制造过程中,装配是一个重要的环节。为保证装配质量,应注意以下几个方面。

一、做好施工前的准备

施工前的准备,通常包括:

1.熟悉包括草图在内的施工图样。了解结构的型式,各个零件的形状和连接形式,钢材规格和各类尺寸,焊接形式和符号。了解有关定位测量基准、构件理论线和工艺余量的内容。在识读船体图样时,注意图中较多采用的剖切、断裂和各种简化画法。了解下列图线在简化画法中的含义:粗实线为钢板、型钢的截面、细点划线为可见小构件、细虚线为不可见小构件、粗点划线为可见强构件、粗双点划线为不可见强构件、粗虚线为不可见非水密板材、轨道线为不可见水密板材、波浪线和折断线为构件断裂的边界。

2.选择工卡胎具,设置施工现场。要充分利用现有的平台、卡具及各种设备。人行通道和运输车辆应畅通无阻。如需制作专用胎具、胎架,也应使其结构尽量简单,便于制作。准备好本次作业必须的各种工具和量具。

3.按图纸检查零部件,核对件号,材质和数量,检查形状和尺寸。核对焊条等辅助材料的型号。清除零部件表面的毛刺和接缝处的铁锈和污垢。如结构需临时支撑加强,尽量使用废旧材料。

4.安全措施。钢结构装配大部分属于多工种联合作业,装配、气割、焊接、气刨、吊运等环节涉及安全的因素较多,施工前应周密考虑,确保安全生产。减少高空作业和狭小空间的工作量,一切工具、设备必须完好无损,不留隐患。

二、确定结构装配方式

钢结构的装配方式主要是指:划分装配单元,选择装配时的工件位置及支承形式,确定装配顺序。

1.装配单元和工艺阶段的划分

金属结构产品是一个独立而完整的总体,它由数量不等的部件和零件组成。零件是组成产品的基本单元。我们将由若干个零件组成一个可独立装配、相对完整的结构单元称为部件或组合件。大型金属结构的设计图样中都表明了结构总的划分形式。譬如,船体划分图明确规定了全船分段划分的情况。由分段再细分为更小的装配单元——部件,这种划分在设计时未作规定,是在装配过程中,根据结构特点和施工条件自行考虑。有时会有几种不同的划分方式可供选择。譬如,将主机座划分为纵向桁材、横向隔板和加强肘板三类T型部件。带缆桩划分为桩柱和底座两个部件。横舱壁划分为板列、水平桁材和垂直桁材三类部件。

结构装配单元的划分实际上也是装配工艺阶段的划分。较大的金属结构都分预装配和总装配两个阶段。对船体而言，船台装配之前的部件装配、分(总)段装配都属于预装配。钢舾装件总装之前的装配也为预装配。进行结构的预装配具有很多优点，它可以扩大结构制造的施工面，使结构的装配和焊接处于平坦有利的位置，扩大自动半自动焊的应用，减少高空作业，改善施工条件，提高装焊效率。

装配工应在熟悉施工图样时，考虑产品装配单元的划分和预装、总装的作业内容。

2.确定装配方式和支承形式

结构的装配单元划分后，就可确定装配方式和支承形式。金属结构的装配方式，主要是指装配时结构的位置状态，通常有正装、倒装和卧(侧)装三种。正装和倒装统称为立装。正装是指工件在装配时所处的位置，和使用时的位置相同，见图 4-1(a)。倒装是指工件在装配时所处的位置，和使用时的位置上下颠倒，见图 4-1(b)。卧(侧)装是指将工件按使用时的位置旋转 90°进行装配，如图 4-1(c)所示。有的工件按其形状特征只适合某一种装配方式。有的工件则会有几种方式可供选择。选择装配方式时，应考虑：

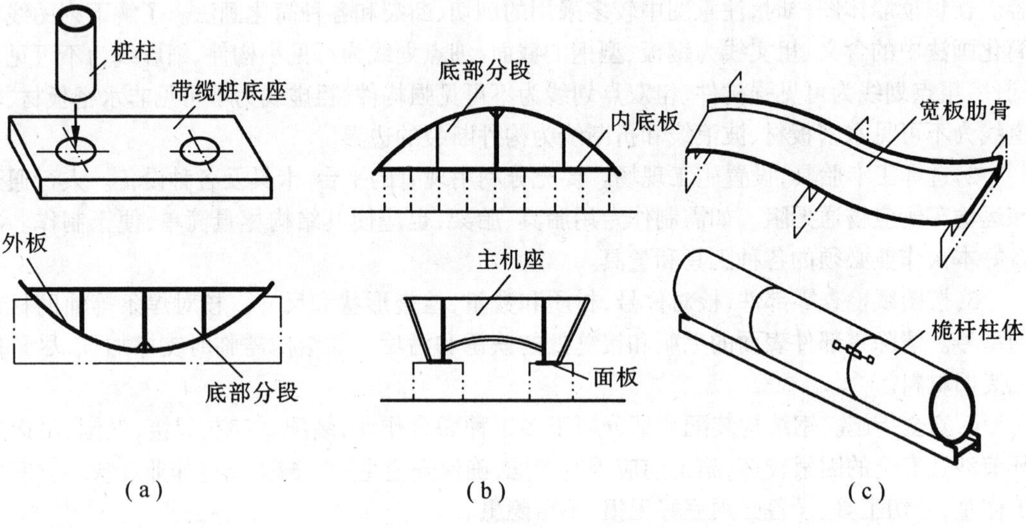

图 4-1　钢结构的装配方式

(a)正装；(b)倒装；(c)卧装

(1)工件在装配中有稳定的支承、能降低装配工件的高度。如底小顶大倒锥形工件适合倒装，高而窄(细)的工件适合卧装。

(2)结构中有平面和曲面都可供支承的工件，尽可能以平面作为支承面进行装配。如双层底分段可选择倒装。

(3)方便于装配焊接操作。有利于零件的定位、测量和划线。有利于进行自动半自动焊接。

(4)减少工件在装焊过程中翻身的次数。

钢结构的装配通常都以装配平台、通用胎架或专用胎架(具)进行支承。应优先采用平台和通用胎架作为支承。只在必要时才制作专用的胎架(具),并尽可能使其结构合理、简单。

3.确定装配顺序

比较复杂的工件,由数量较多的零部件组成,装配时,就应确定全部零部件的装配顺序。不同的装配顺序形成不同的装配方法。船台装配中的分段吊装顺序图、分段装配图中的组装要领图,反映的都是结构装配的顺序。比较简单的钢结构,如主机座和带缆桩,总装时各零部件也都有一定装配顺序。

选择最佳的装配顺序能提高装配效率,保证装配质量。

三、结构装配的主要操作

在钢结构的装配中,通常进行的典型操作是:

1.胎具或胎架的制作或调整;

2.装配中的各类划线工作;

3.构件的定位和紧固;

4.装配中的各项测量;

5.构件余量的切割;

6.结构的临时加强;

7.定位焊和结构焊接;

8.焊接变形的火工矫正。

上述各项操作,其方法在本书的相关章节中已作专门介绍,此处不再重复。

第二节　船体装配中的定位

一、装配定位

结构装配中的定位是指正确确定单个零件及组合件的空间位置,或单个零件及组合件之间的相对位置。

船体装配的实质就是将加工成形的单个零件,按照一定的几何形状和尺寸要求,逐步装配成部件、分段和完整的船体,或逐步装配成部件和各种钢质舾装件。

二、定位的原理

空间的任何物体在未被定位之前,都具有六个在空间活动的自由度。现以船台上的底部分段和分段上的肋板为例加以说明,见图4-2,这六个自由度分别是:

构件沿 X 轴的平移,即构件在船舶长度方向的定位。

构件沿 Y 轴的平移,即构件在船舶宽度方向的定位。

构件沿 Z 轴的平移,即构件在船舶高度方向的定位。

构件绕 X 轴的转动,即构件横向的水平或倾角。

构件绕 Y 轴的转动,即构件纵向的水平或倾角。

构件绕 Z 轴的转动,即构件相对于中线面的偏离程度。

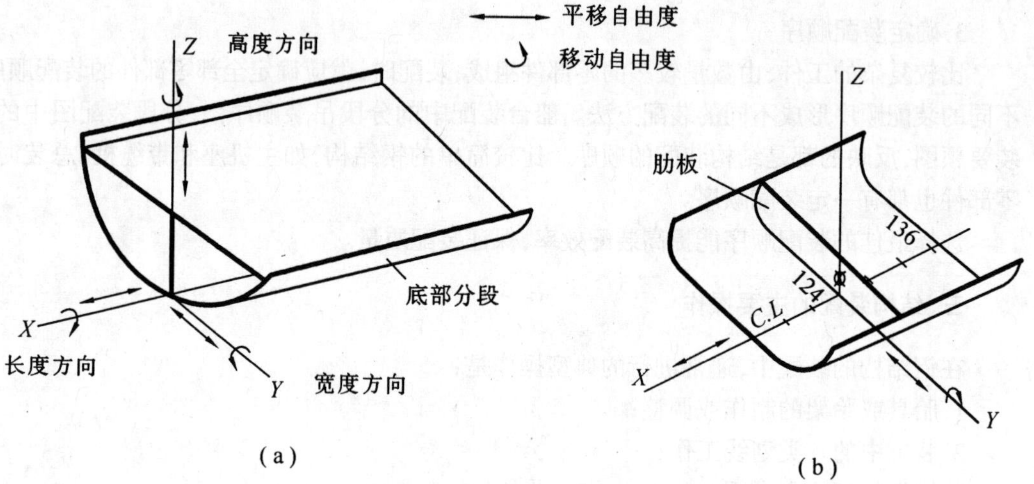

图 4-2　定位原理示意图

(a)船上的分段；(b)分段上的肋板

由以上分析可知，结构定位的过程，就是限制零件或组合件三个平移的自由度和三个转动的自由度，使其具有完全确定的位置。结构装配过程中，是通过测量长、宽、高方向的线性尺寸，测量构件的水平度、垂直度和角度来实现的。

三、定位的基准

基平面、中线面和中站面是船体的三个基本平面。这三个平面既是船体放样的基准平面。同时也是船体装配中结构定位的基准平面。三个平面投影后分别积聚而成的基线、中线和中站线，是船体在船台上合拢时的定位基准线，如图 4-3 所示。中线面和中站面的交线可视为 Z 轴，中线面和基平面的交线可视为 X 轴。中站面和基平面的交线可视为 Y 轴。

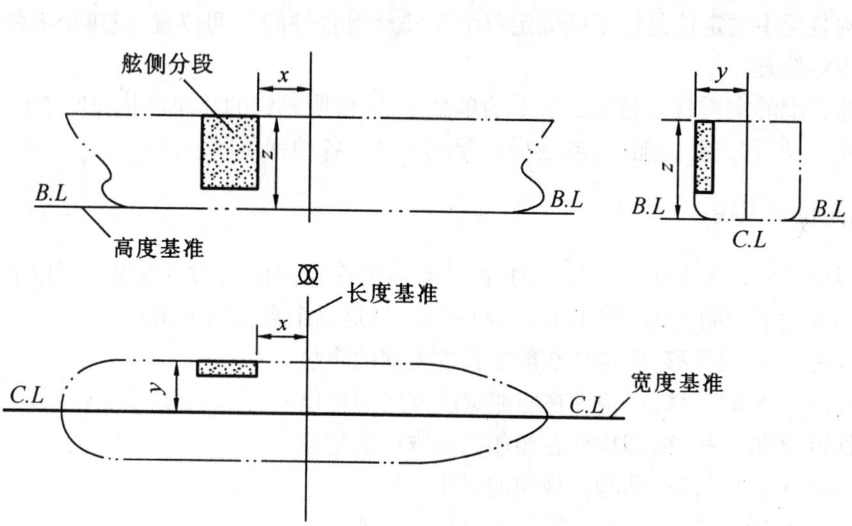

图 4-3　船台上的定位基准

船台上和船坞中都标注有必要的基准线，作为分段定位的依据。当船台合拢时，分段在船长方向以中站线或指定的肋骨线作为定位的基准。在船宽方向以中线或指定的纵剖线作为定位的基准。而在船高方向则以基线或指定的水线作为定位的基准，如图 4-3 中舷侧分段定位时，其定位尺寸 x，y 和 z 就分别以中站线、中线和基线作基准。

装配中对构件水平度、垂直度和倾斜度的测量和检查，实际上就是限制构件绕 X 轴或 Y 轴的转动。

四、构件在平台和胎架上的定位

船体的总装配是在船台上或船坞中进行的。此时，分段位于空间位置，其定位需要限制六个自由度。船体的部件和分段的装配则是在平台或胎架上进行的。平台或胎架本身已为装配提供了一个重要的基准面，限制了零件的某些自由度。

1. 构件在平台上的定位

当部件或分段在平台上装配时，先在平台上划出两条互相垂直的基准线，也就是通常所说的十字线，如图 4-4 所示，作为构件在长度和宽度方向的定位基准，相当 X，Y 两条坐标轴。而在高度方向，平台本身即可作为基准，只要使板和平台贴紧，型钢构件和板贴紧，就完成了高度方向的定位。在图 4-4 中，在平台上进行板的拼接时，X 轴设定为板的一条纵缝或中线，Y 轴则为指定的一条肋骨线或板的一条横缝。

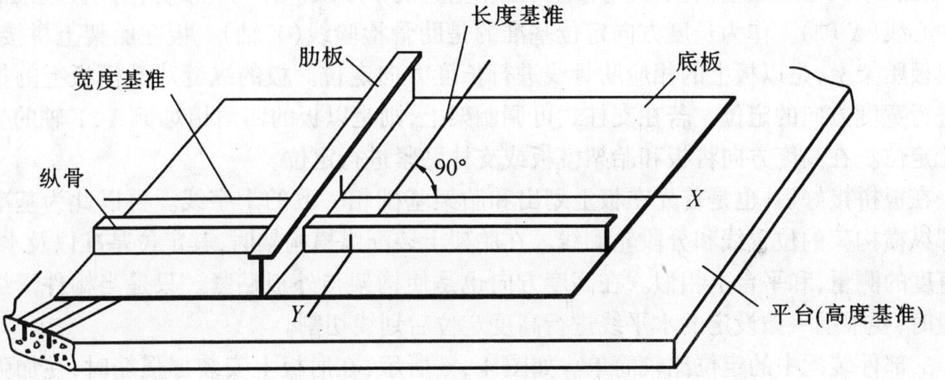

图 4-4 构件在平台上的定位

在板上装配骨架时，也是首先在板上划出十字线，再以此为基准划出纵横骨架的位置线。在图 4-4 中，纵骨定位时，宽度方向对准纵骨位置线、长度方向对准肋骨检验线(相当 Y 轴)、高度方向是将纵骨和外板压紧。同时测量纵骨的垂直度，其实质是限制纵骨绕 X 轴的转动。平台自身已限制了纵骨绕 Y 轴的转动。

肋板装配时，在长度方向，对准肋板位置线，在宽度方向是使肋板上的中线(X 轴)对准底板上的中线。在高度方向是将肋板和外板压紧。同时测量肋板的垂直度，其实质是限制肋板绕 Y 轴的转动。平台自身已限制了肋板绕 X 轴的转动。

2. 构件在胎架上的定位

外板或甲板等以曲面为基面的分段要在胎架上进行装配。无论是专用的模板式胎架，还是可调支柱式胎架,胎架模板或支柱所形成的支承面即是分段壳板的外表面(无构架的一面),如图 4-5 所示。

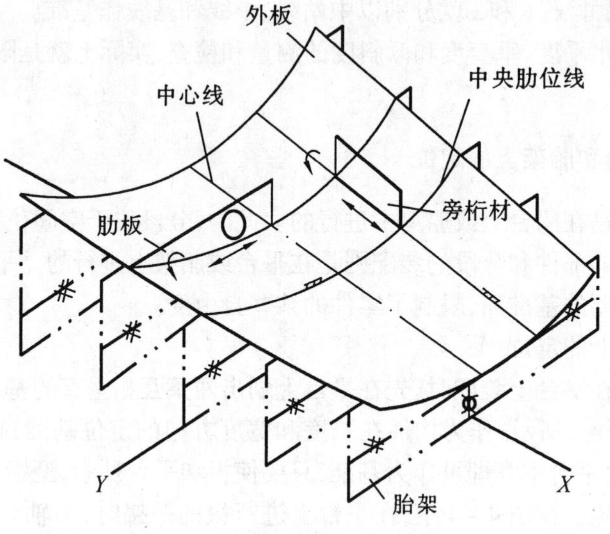

图 4-5 构件在胎架上的定位

在胎架的基础或基面上已预先划出互相垂直的十字线。作为宽度方向定位基准的是胎架中心线(X 轴)。作为长度方向定位基准的是肋骨检验线(Y 轴)。板在胎架上拼接时,若在模板胎架上,是以板上的相应肋骨线进行长度方向定位。板的纵缝对准模板上的板缝符号进行宽度方向的定位。若在支柱式可调胎架上,则是以板的四角相对于 X,Y 轴的坐标值进行定位。在高度方向将板和胎架模板或支柱贴紧进行定位。

在板拼接好后,也是首先在板上划出和胎架基础相一致的十字线。再以此为基准划出全部纵横构架的位置线和分段轮廓线。在胎架上装配纵横构架时,其定位基准以及水平度、垂直度的测量,和平台上相似。在高度方向也是使构架与外板贴紧。只是当构件下缘留有余量时,要根据一条设定的水平线进行高度定位后划线切割。

3.部件装配中的定位比较简单。如图 4-6 所示,在肘板上安装加强筋时,在加强筋的

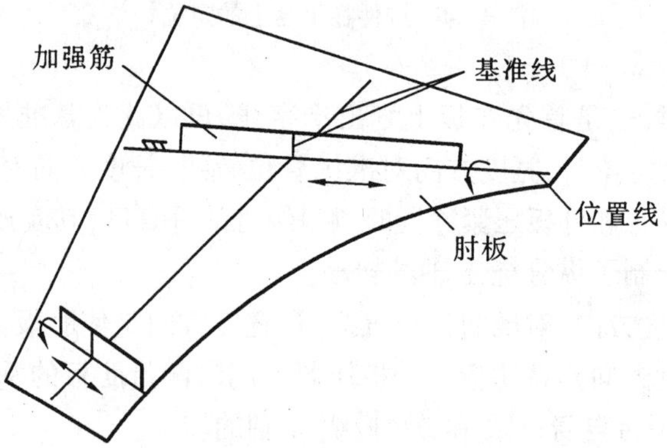

图 4-6 肘板上加强筋的定位

厚度方向是使其对准位置线。在加强筋的长度方向对准预先设定的基准线。在高度方向是将加强筋和肘板压紧。同时检查其垂直度。

综上所述，无论在平台、胎架上进行船体结构(部件、分段)的预装配，还是在船台上、船坞中进行船体的总合拢，结构的正确定位是最基本的操作，是保证部件、分段和船体的形状和尺寸符合设计要求的关键。

第三节　船体装配中的划线

在船体装配的各个阶段，划线是装配作业中最基本的操作之一。

一、装配划线的内容

船体装配过程中的划线作业，包括以下内容。

1.基准线

装配时作为定位测量依据的基准线，有船台上的中心线、肋骨检验线和基线，平台上的十字线，以及胎架或胎架基面上中心线、水平线和肋骨检验线。所作的基准线相当于坐标轴，是划构件位置线和进行构件定位的基准。

2.平台上的构件型线或轮廓线

当某些部件在平台上装配时，需在平台上预先划出构件的型线或外形轮廓。如肋骨框架装配时划在平台上的肋骨型线。宽板肋骨及宽板横梁装配时的构件轮廓线。焊接艉柱装配时的尾轮廓线等，参见图 5-18、图 5-23。上述部件装配时，常依照平台上划出的型线或轮廓线制作简单的装配胎具或设置挡板。

3.部件上构件位置线和检验线

在肋板、大型肘板和纵桁上，要划出加强筋、肘板等构件的位置线、定位基准线和余量线，如图 4-7 所示。

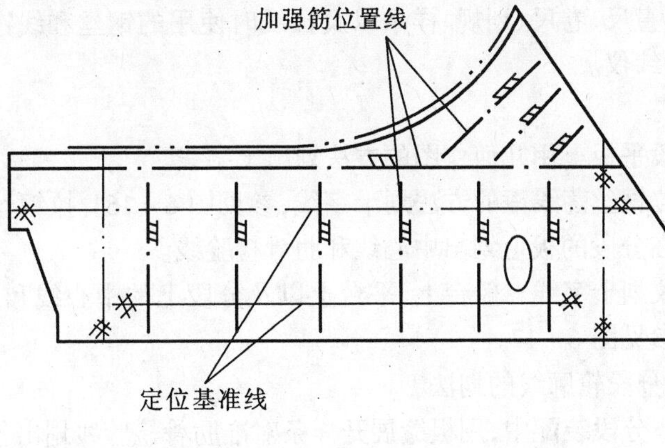

图 4-7　部件上的位置线和基准线

4.分段上的骨架位置线和分段轮廓线

分段装配时，板拼接并划出十字线后，就要划出板上纵横骨架的位置线和分段的轮廓线,这是装配划线的主要内容。例如,正装的双层底分段,要在外板上划出底纵骨、底纵桁、肋板和肘板的位置线和外板的轮廓线。

5.在胎架或船台上划分段接缝处板和骨架的余量。

6.划分段或总段的定位基准线

分段或总段建造完工后,要在其上划出船台合拢的定位基准线。如总段和双层底分段上的中心线、肋骨检验线和一条水线。甲板分段上的中心线和肋骨检验线。横舱壁分段上的中心线和一条水线。这些基准线就作为分段在船台合拢时的定位依据。图4-8即为划在总段和舷侧分段上的定位基准线。

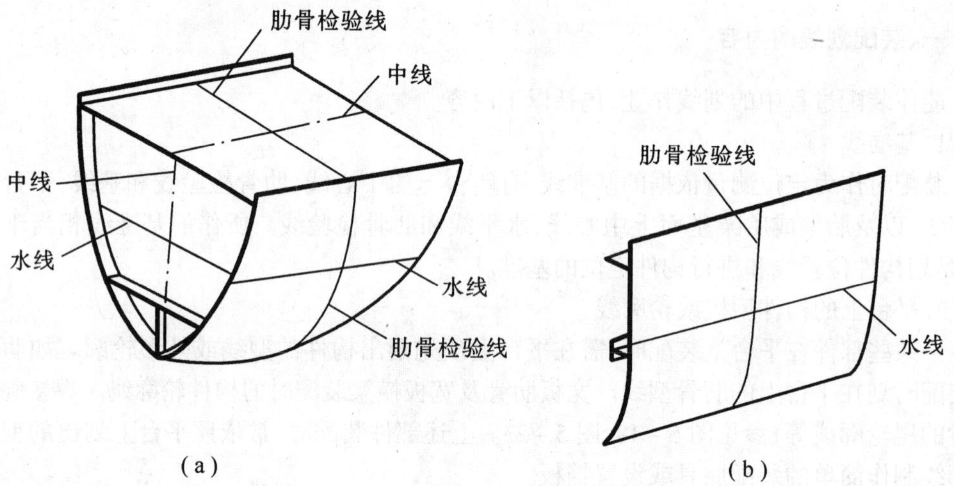

图4-8 分(总)段上的定位基准线

二、划线方法

手工划线是使用直尺、卷尺、划规、样条以及拉线时使用的钢丝和线锤。船厂使用的主要划线仪器是激光经纬仪。

1.基准线的划法

(1)在平台或分段平板上用几何作图的方法划出十字线。

(2)在胎架上用拉钢丝荡线锤的方法划十字线,参见图6-16。拉钢丝对准胎架基面上的十字线,再荡线锤在分段的板上划出中心线和肋骨检验线。

(3)用激光经纬仪划十字线　船台上、平台上以及分段上的中心线和肋骨检验线,都可用激光经纬仪划出,参见图6-17。

2.构件位置线和分段轮廓线的划法

(1)用样条划线　分段装配中,用板缝展开样条对准肋骨检验线划出各条肋骨线和分段的端缝线。用肋骨展开样条对准中心线划出各纵桁、纵骨位置线和分段的边缝线。用样条划线的方法见图4-9。

(2)草图划线　根据专门绘制的分段划线草图进行划线,参见图6-12。

(3)数据划线　这是根据生产设计所提供的数据,以分段上的十字线为准,用卷尺直接

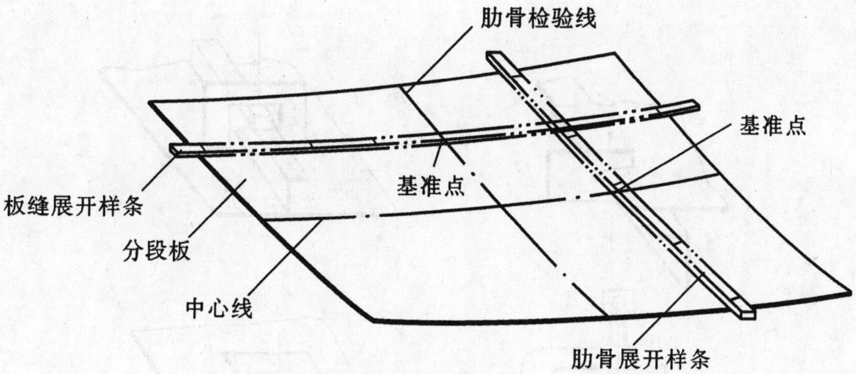

图 4-9　用样条划线

量取,再用压条连成光顺的曲线。

(4)样板划线　肋骨框架装配时梁拱线、舭部型线、宽板肋骨、艉柱装配时的轮廓线,都是用样板划线的。

3.数控划线

进行数控切割的构件,如肋板、纵桁,在切割的同时,自动划出加强筋和肘板等构件的位置线,不必再进行手工划线。

第四节　位置调整与紧固

一、调整与紧固

金属结构装配中的定位,就是对装配中的构件位置进行必要的调整,消除位置偏差,使之准确对准零件的位置线,并满足水平度、垂直度或角度的要求,保证零件相对位置的正确。同时,在零件定位后,将其可靠固定,这是钢结构装配中最为频繁的基本操作。这个操作是通过合适的工夹具,对零件施加外力来实现的。这就是装配过程中零件位置的调整与紧固。

通过装配工夹具对工件所施加的外力,其形式有夹、压、拉、顶四种,见图 4-10。装配中要根据对工件所需施加的外力的形式和大小,选择合适的工夹具。

装配工夹具按其外力的来源,可分为手动和非手动两类。手动工夹具包括:螺旋夹具、楔条夹具、杠杆夹具和偏心夹具等。非手动夹具包括:气动夹具、液压夹具和磁力夹具。

二、构件位置调整举例

1.对接时的调整　板或分段对接时,沿板缝方向将其拉对中心线或对合线。在垂直于板缝方向,将其拉拢或推开,保证接缝正确的距离和间隙。在高度方向,是将偏高的板或分段压低,或将偏低的顶高。这个过程是借楔铁、马板、倒正螺丝和千斤顶等工夹具,对工件施加外力实现的,如图 4-11 所示。

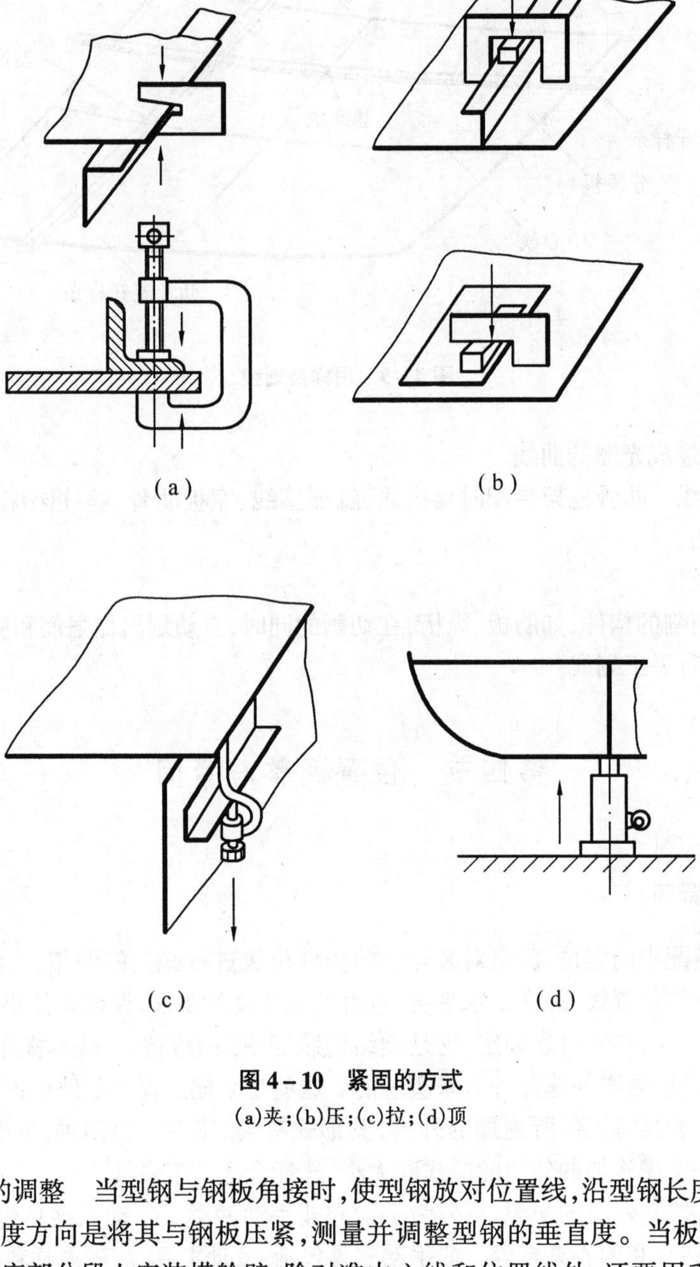

图 4-10　紧固的方式

(a)夹;(b)压;(c)拉;(d)顶

2.角接时的调整　当型钢与钢板角接时,使型钢放对位置线,沿型钢长度方向将其拉对对合线,而在高度方向是将其与钢板压紧,测量并调整型钢的垂直度。当板和板,分段与分段角接时,如在底部分段上安装横舱壁,除对准中心线和位置线外,还要用千斤顶调整舱壁的高度和左右水平度,用倒正螺丝调整其铅垂度,同时使分段可靠固定,见图 4-12。

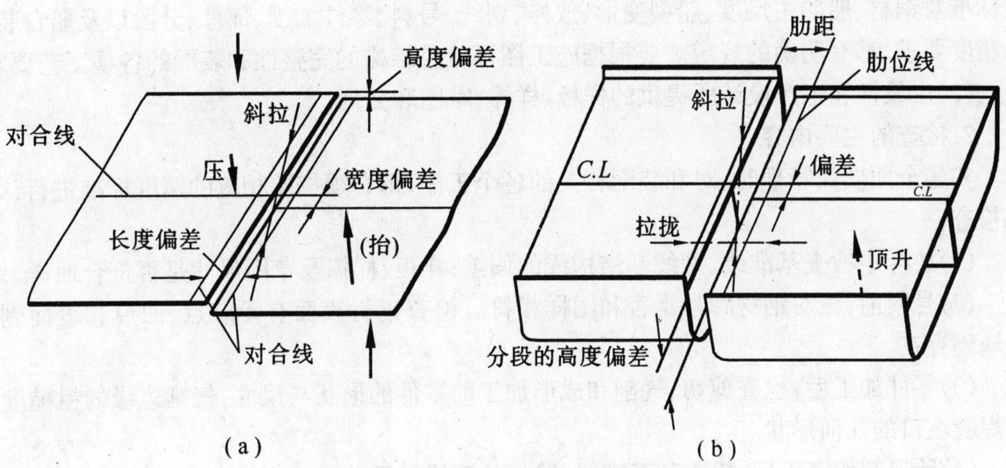

图 4－11　对接时位置的调整

(a)板的对接；(b)分段的对接偏差

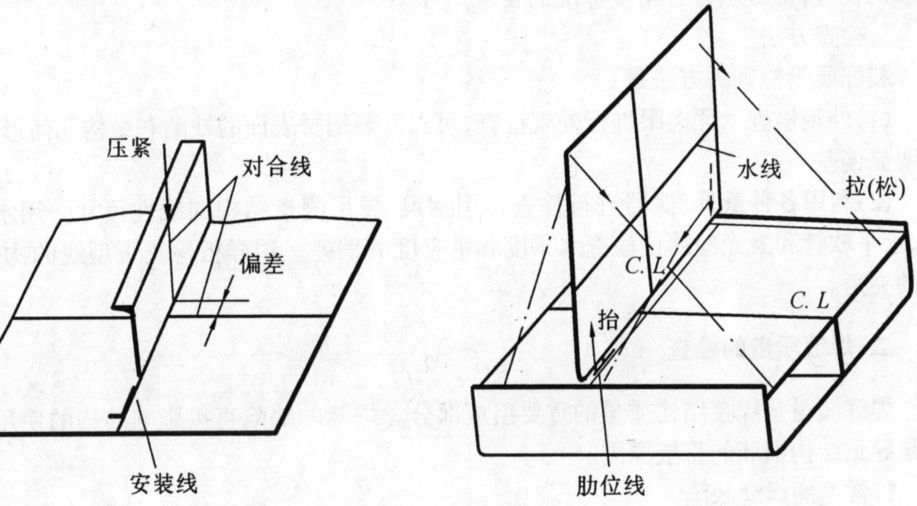

图 4－12　角接时位置的调整

第五节　焊接结构的质量检查

焊接结构的质量检查包括装配质量检查和焊缝质量检查两个方面。

一、装配质量检查

1.检查工作的依据

(1)《船体建造精度标准》等相关专业标准和施工图样是进行质量检查的主要依据。精度标准对钢材、船舶主尺度、船型变形、放样、划线、号料、零件加工、部件、分段以及船台装配的精度要求，都有明确的规定。要根据施工图样检查结构的完整性和装配的各项工艺要求。

(2)由放样和生产设计所提供的样板、样棒、草图和数据。

2.检查的主要内容

实施全面质量管理时，对和装配相关的各个工序，都必须按照相应的精度标准进行认真的检查。

(1)放样中检查基准线、型线和结构线的偏差；样板、样棒及草图尺寸是否符合地样。

(2)号料前，核对钢材牌号是否和图样相符。检查钢材表面有无麻点、凹痕和表面剥落等缺陷存在。

(3)零件加工后，检查剪切、气割和成形加工的零件的形状与尺寸，气割边缘的粗糙度以及焊缝坡口的几何形状。

(4)胎架制作完工后，检查其基准线、胎板的型线以及胎架的刚性。

(5)结构装配时，首先检查构件装配顺序是否合理。检查装配间隙、对接板的错边量以及构件的水平度，垂直度的偏差是否达到规定的精度标准。

(6)装焊结束后部件的尺寸，分段的长、宽、高及对角线，立体分段中上下中心线、上下肋位线的偏差，都必须符合精度标准的要求。

3.检查方法

装配质量检查的方法是：

(1)外观检查　凭肉眼进行外观检查，可以发现钢材表面的缺陷和结构几何形状和尺寸的明显偏差。

(2)利用各种量具、仪器进行检查。用钢尺、卷尺测量结构的线性尺寸。用水平尺、线锤、水平软管和激光经纬仪检查水平度和垂直度的偏差。用样板检查带型线的构件和构件间的夹角。

二、焊缝质量的检查

焊缝质量是焊接结构质量的重要组成部分。焊缝的缺陷直接影响结构的使用性能，甚至是导致结构损坏的直接原因。

1.常见的焊缝缺陷

(1)焊缝尺寸不合要求　如焊缝高低不平，宽窄不匀，尺寸过大或不足。

(2)咬边　电弧将焊缝边缘熔化后，没有得到填充金属的补充，造成在基本金属与焊缝边缘的交界处的纵向凹槽，见图 4－13。咬边是一种危险的缺陷，它减小了基本金属的有效截面，而且凹槽处容易出现集中应力，导致裂纹的产生。

(3)焊瘤　在焊缝的边缘上有多余而未和基本金属熔合的堆积金属。若在焊瘤下面隐藏有未焊透的金属则是很危险的，见图 4－13。

(4)气孔　气孔是焊缝中常见的缺陷。按其位置可分为外部气孔和内部气孔。它减小了焊缝的有效工作面积，也影响了焊缝的致密性。

(5)未焊透　这是焊件的间隙或边缘未被熔化而留下的空隙。可能发生在根部、边缘或层间。未焊透的空隙降低焊缝强度，引发裂纹并导致结构破坏。未焊透的缺陷见图 4－13。

(6)裂纹　纵向或横向的裂缝可能出现在焊缝或母材金属中。裂纹是焊缝中最危险的

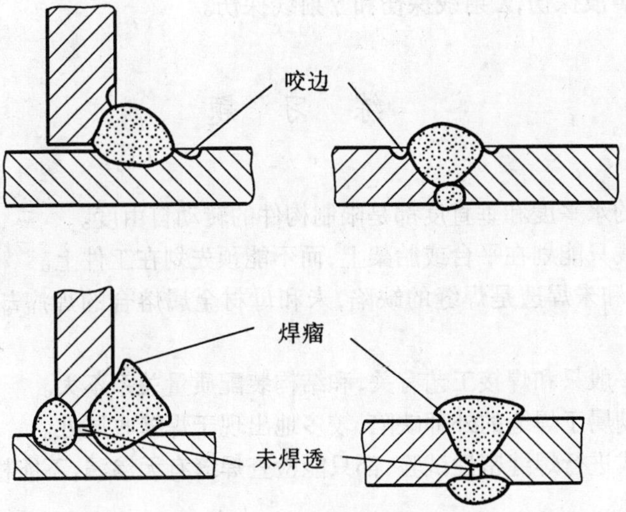

图 4 – 13　焊缝的部分缺陷

缺陷,大部分结构的破坏都是由裂纹造成的。

(7)夹渣　指存在于焊缝中的焊渣或其他非金属夹杂物。某些呈连续状态的夹杂物也是焊缝危险的缺陷。

金属结构制造时,无论是正式焊缝或定位焊,都不允许存在上述缺陷。焊缝的缺陷都应采取措施予以消除。

2.检查方法

金属结构的焊缝质量,一般采用外观检查、密性试验和无损探伤三种方法进行检查。必要时,还要通过试样作化学分析,进行金相和机械性能试验。

(1)外观检查　用肉眼或放大镜观察焊缝表面形状,如焊肉尺寸,有无弧坑、咬边和可见的气孔、裂纹的存在。

(2)密性试验　这是检查船体和油箱、水箱、管道等焊缝经常采用的方法。目的是测定这些结构焊缝在承受一定压力时的致密性。它可以暴露出焊件中的气孔、裂纹等缺陷,致密性试验的方法有以下几种:

1)水密试验　将被检查的舱室或容器灌满水,并加上一定压力(约为工作压力的 1.5 ~ 2.0 倍)。保持一定时间,在焊缝背面检查有无渗漏现象。这种方法不但能检查焊缝的致密性,同时还可检查结构承受压力的能力。

2)气压试验　气压试验常被用来代替水密试验。静气压试验的方法是在密闭的空间中通入具有一定压力的压缩空气。在焊缝的另一面刷上肥皂水,当焊缝中存在穿透性缺陷时,该处的肥皂水就会冒泡、暴露出缺陷的具体位置。

压缩空气喷射试验是用有一定压力的压缩空气,在规定的距离内向焊缝喷射,观察其背面的肥皂水是否起泡。

3)渗油试验　这也是船体等大型金属结构经常采用的方法。在焊缝的一面刷上白粉,另一面涂上煤油或其他渗透力较强的油类。半小时后,观察白粉上是否出现油斑。

(3)无损检查

存在于焊缝内部的缺陷，如未焊透、夹渣或内部裂纹，只能用专门仪器进行无损检查。常用的方法有超声波探伤，X射线探伤和γ射线探伤。

练 习 题

1. 测量构件的水平度和垂直度都是限制构件的转动自由度。 （ ）

2. 定位基准线只能划在平台或胎架上，而不能预先划在工件上。 （ ）

3. 咬边、裂纹和未焊透是焊缝的缺陷，未和母材金属熔合的焊瘤却不会影响焊缝的质量。 （ ）

4. 焊缝质量一般只和焊接工艺有关，和结构装配质量关系不大。 （ ）

5. 弧坑未填满属于焊缝的外部缺陷，较多地出现于焊缝收尾处。 （ ）

6. 以任何方式进行焊缝密性试验，都只能检查焊缝有无渗漏，不能检查结构的强度。 （ ）

7. 作为定位测量基准的十字线，既可划在平面上，也可划在曲面上。 （ ）

8. 构件定位是指正确确定构件的__________位置和构件之间的__________位置。

9. 船体装配中的主要定位基准、高度方向是__________，宽度方向是__________，长度方向是__________。

10. 空间物体在未被定位前具有三个__________自由度和三个__________自由度。

11. 肋板在底板上安装时，对准位置线是限制__________方向的平移自由度，对准中线是限制________方向的平移自由度。

12. 将分段铺板和胎架拉紧，将骨架和板压紧是限制__________方向的平移自由度。

13. 完工后划在底部分段或总段上的定位基准线是__________、__________和__________。

14. 装配工夹具对工件施加的外力有__________、__________、__________、__________四种方式。

15. 在平台、船台和分段上划十字线有哪三种方法？

16. 在分段上划骨架安装位置线有哪几种方法？

第五章　部件装配

第一节　部件装配概述

分段装配之前的船体结构预装配称为部件装配，是结构装配的第一个阶段，俗称小合拢。它实际上包括零件经过一次装配形成的部件，和经过两次或两次以上装配形成的组合件和已成板架结构形式的子分段。

一、典型船体部件

船体部件按其结构形式有以下几种类型。

1. 焊接 T 型梁

船体结构中的焊接 T 型梁数量很大，其中 T 型直梁有中内龙骨、旁内龙骨、直舷侧纵桁、舱壁水平和垂直桁材、平直的宽板肋骨、机座纵桁和 T 型肘板等，如图 5－1 所示。T 型弯梁有宽板肋骨、宽板横梁、舷侧纵桁、甲板纵桁、肋板等，其特点是 T 型梁的面板呈弯曲状态，如图 5－2 所示。

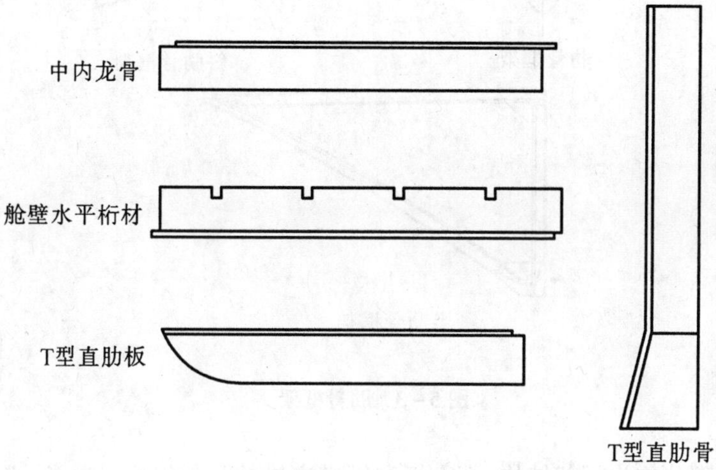

图 5－1　T 型直梁

2. 框架

框架分为平面框架和立体框架两类。平面框架如图 5－3 所示，有肋骨框架、半肋骨框架、斜肋骨框架和边舱框架等。由底纵桁、肋板、底纵骨和内底纵骨组成的双层底框架，由边舱横向构件和纵骨组成的边舱框架则为立体框架。

3. 板列

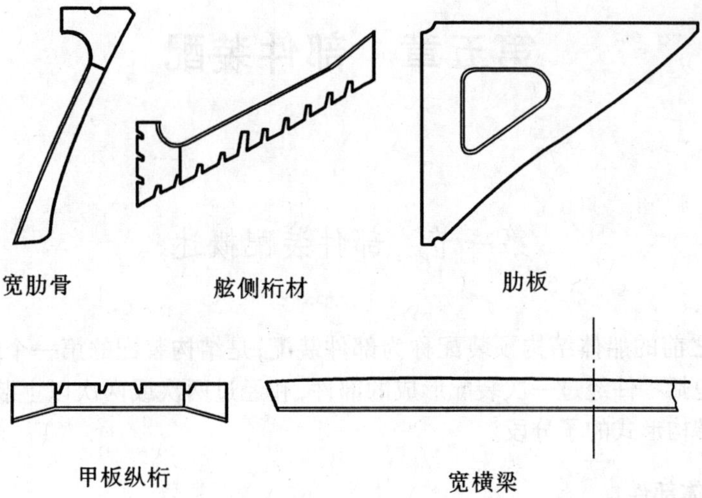

图 5-2　T型弯梁

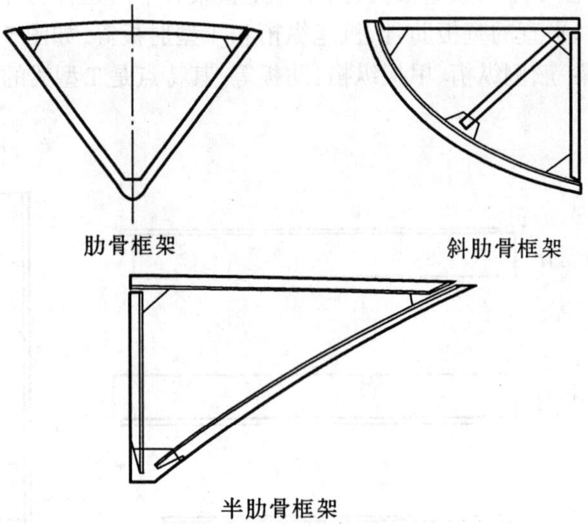

图 5-3　肋骨框架

船体的各个部分均为板架结构，都由板和纵横交错的骨架组成。通常，平直的板列，如平直的外板、内底板、平台和纵横舱壁，都预先在专用平台上采用自动焊拼装成板列部件。

4.艏、艉柱

通常都是由钢板、铸件或锻件装焊成大型部件，如图 5-4 所示。

5.钢质舾装件

通常将机座、流线型舵、烟囱、桅、通风筒、带缆桩和舱口盖等钢质舾装件都归入部件中。它们大部分都是相对独立而完整的钢结构件。

6.子分段

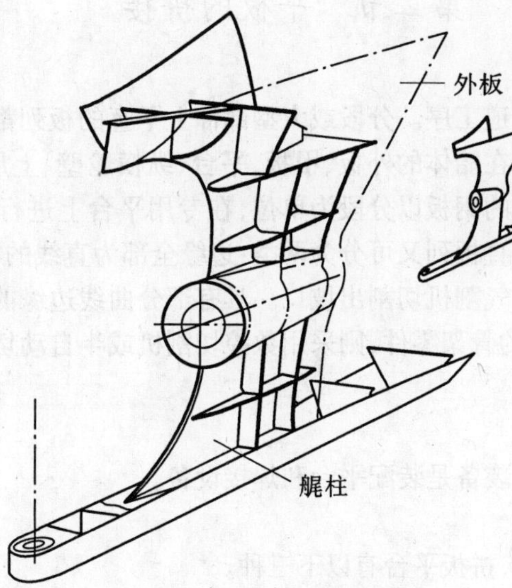

图 5-4 钢板焊接艉柱

组成立体分段、半立体分段中的局部外板、甲板或舱壁，本身就是由板和骨架组成的片状结构，我们将其称为子分段或小分段，也属于部件装配范畴。

二、零件物流和部装区域

部件装配作为船体装配的第一个阶段，为使其与零件加工工序紧密衔接，缩短零件运输路线，减少搬运次数，并尽量实现单向流动，连续作业。通常，部件装配区域都布置在船体加工车间内，工序之间都采用传送辊道、电磁吊、真空吊和运输车等现代化吊运设备，其布置如图 5-5 所示。平台是部件装配区域的主要工艺装备。

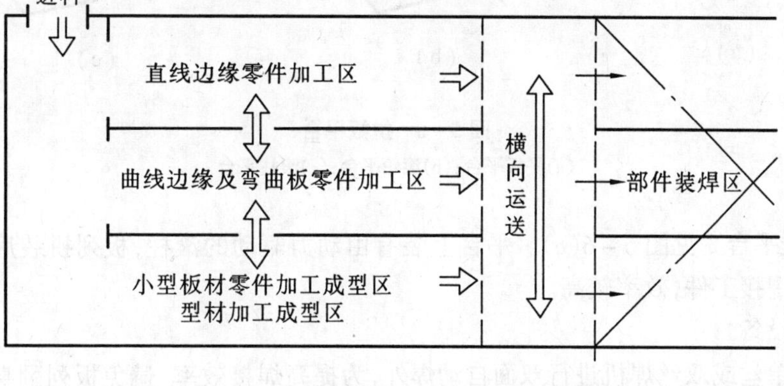

图 5-5 零件加工及部件装配区域布置

第二节　平板的拼接

拼板是结构装配的第一道工序。分段或大型部件上平直的板列都先经过拼装、焊接，然后送往部件或分段装配区。在船体的外板、甲板、平台、纵横舱壁、上层建筑等部位，都存在大量平直的板列。这些平直的钢板以分段为单位，在专用平台上进行高效率拼装和自动焊接能显著提高装焊效率。平直板列又可分为两类：边缘全部为直线的零件，其纵向边缘都经刨边机刨削或经高精度龙门气割机切割出坡口。具有部分曲线边缘的零件，如肋板、横舱壁和甲板的边缘板，艏艉部分的骨架零件，则采用数控切割机或半自动切割机切割成形。

一、拼板的工艺装备

车间拼板区的主要工艺装备是装配平台和焊接设备。

1.装配平台

按工件传动方式的不同，拼板平台有以下三种。

(1)平板平台　见图5-6(a)。这是船体车间广泛采用的工作平台，由厚钢板铺设而成，表面平直度和水平度较高。板在拼接后要进行双面焊接，板列用车间内的行车翻身。完工后也由行车吊运、输送效率较低。

(2)滚轮平台　见图5-6(b)。平台上设置无动力的滚轮，拼装焊接工作完成后，板列由其他机械装置拖拉、运送到装配工位。

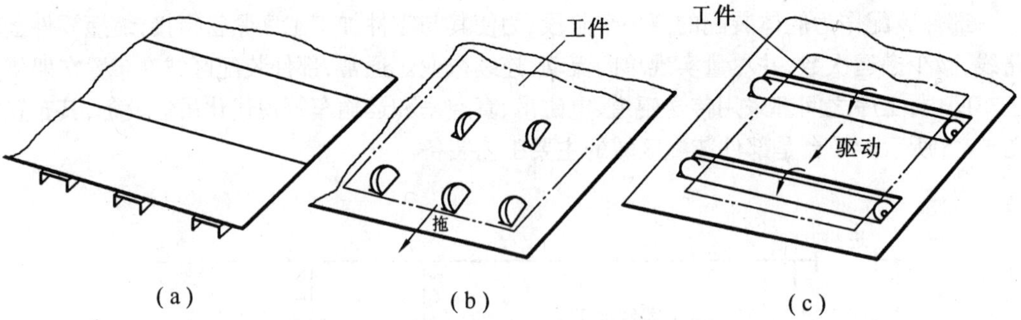

图5-6　拼板平台

(a)平板平台；(b)滚轮平台；(c)滚柱平台

(3)滚柱平台　见图5-6(c)。平台上装有由动力驱动的滚柱，板列拼装后，由滚柱驱动将其送入焊接工件，效率较高。

2.焊接设备

除设置单丝或双丝焊机进行双面自动焊外，为提高焊接效率，避免板列翻身，目前船厂已广泛采用单面焊双面成型自动焊接工艺。这种工艺的焊缝反面成型有两种方法，一种是使用随焊机移动的滑块使反面成型，称为滑块焊接；另一种是使用固定的衬垫使反面成型，称为压力架焊接。图5-7所示为单面焊衬垫的两种型式。

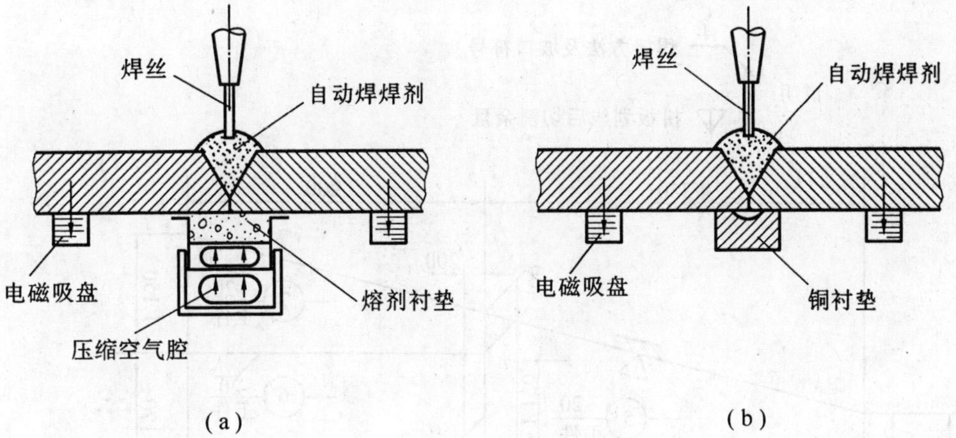

图 5-7 单面焊的衬垫

(a)气压式衬垫;(b)铜衬垫

二、平板拼装焊接工艺

平直板列的装焊步骤是:拼装—焊接—矫正—划线—翻身吊运或滚道输送。

1.板列拼装

(1)按施工图样或拼板草图将钢板铺放在平台上,注意钢板上所标注的零件号,艏艉方向、肋位号、钢板的正反面及焊缝坡口。通常零件上号料写字的一面就是构架安装面。所写字符的上下方就是零件的上下方。铺放时尽量将板排列到位,以减少定位时的撬拉调整。

(2)清除接缝边缘的铁锈和油污。手工焊接的板缝用钢丝刷除锈。采用单面焊双面成型时,由于焊接电流较大,清锈要求较低,只需用风刷除净黄锈。若为普通自动、半自动焊,则必须用砂轮打磨,使焊缝处钢板露出金属光泽。

(3)将各张钢板正确定位。一般是将拼板图上注明的零件长度方向无余量的一端对齐,见图 5-8。若板的两端都有余量,则按板上预设的基准线定位。在宽度方向是使纵缝的间隙符合各种焊接方法的相应要求。自动焊和单面焊的间隙为 0~1 mm。手工焊的间隙为 0~2 mm。CO_2 半自动单面焊的间隙为 4 mm。采用滑块衬垫时,起弧端的间隙为 4~5 mm,熄弧端要比起弧端小 1 mm,这是由于在焊接过程中间隙有逐渐增大的趋势。

(4)正确定位后,先在接缝的两端和中间定位焊,然后再将定位焊按要求加密。两板不平处用马板铁楔压平,使其误差不超过 1 mm。定位焊后在板缝两端装好厚度和母材相同的 100×100(mm)的引(熄)弧板。

2.板列焊接

若进行自动焊,应将焊机对准焊件接缝预先行走一次,确保接缝中心和焊机行走轨迹准确吻合。封底焊前将板列翻身,板缝碳刨扣槽。

采用单面焊时,拼接的板列由滚道送进单面焊机工位。将焊缝对准下面的焊剂衬垫并校正对合精度。用专用压架将板列压紧或用电磁吸盘将钢板吸住。打开阀门,压缩空气使焊缝下的弹性软管膨胀,将熔剂衬垫贴紧钢板后进行焊接,见图 5-7(a)。

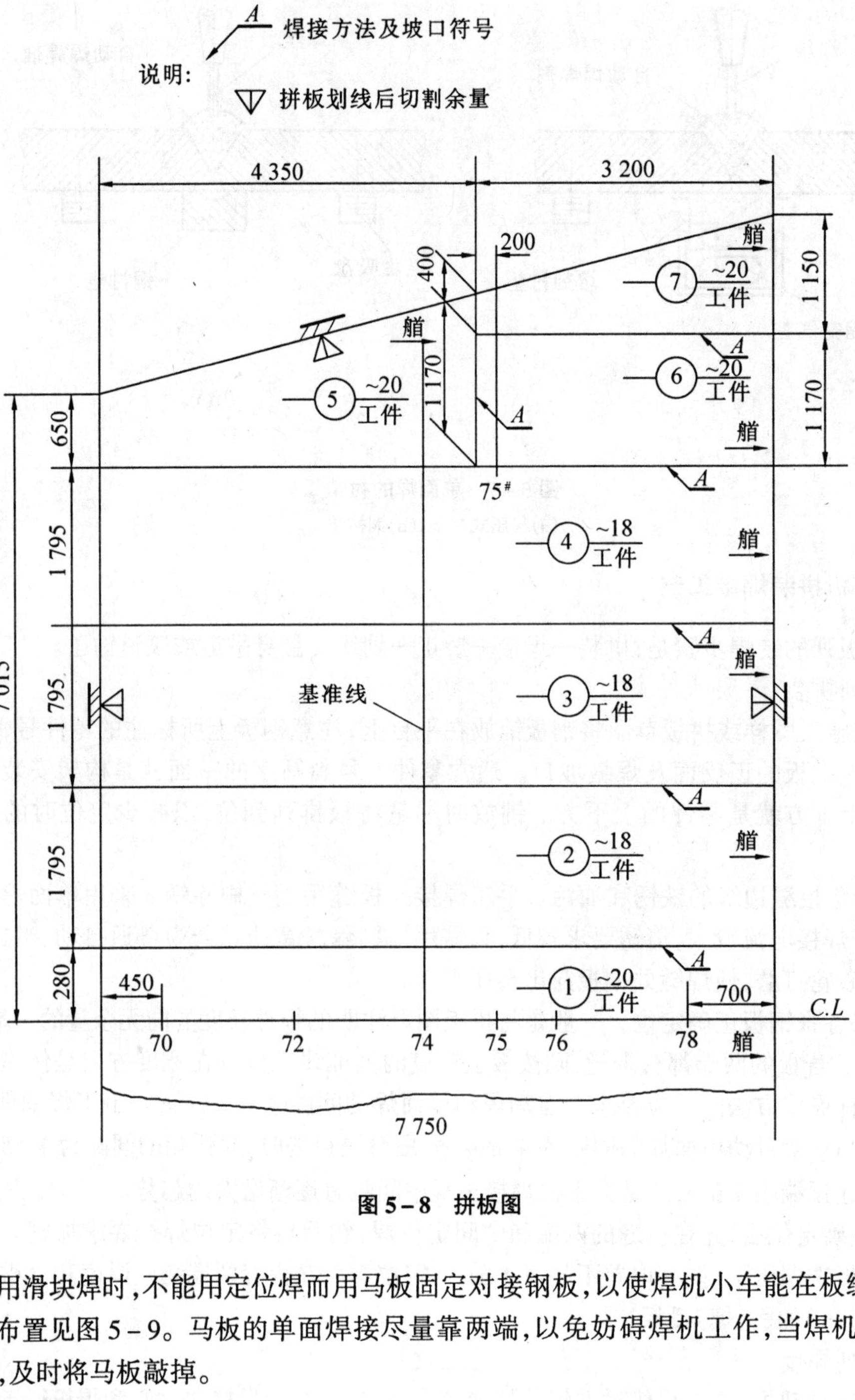

图 5-8　拼板图

采用滑块焊时,不能用定位焊而用马板固定对接钢板,以使焊机小车能在板缝中通过。马板的布置见图 5-9。马板的单面焊接尽量靠两端,以免妨碍焊机工作,当焊机行进接近马板时,及时将马板敲掉。

3.板列划线

板列拼装焊接后,在进入部件或分段装配工位前,要进行划线和标注各种施工符号,作为安装构架和边缘切割的依据。图 5-10 为一拼板划线草图。线型平直的分段,拼板完工后一般只留焊接补偿而不留余量,以减少分段和船台装配时的切割作业。

划线作业的过程如下:

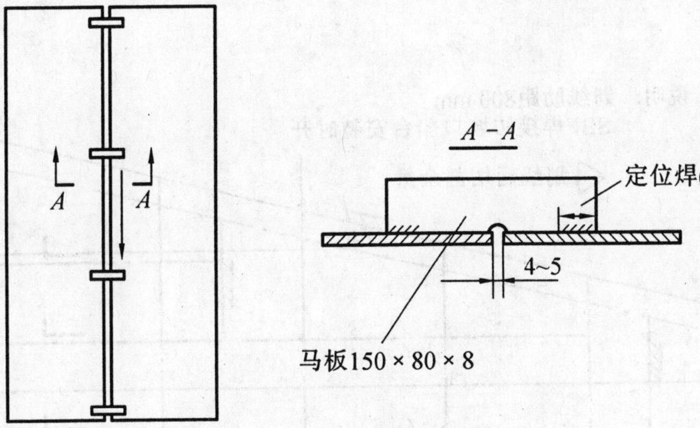

图5－9　滑块焊马板的布置

在板上划出十字线作为基准。构成十字线的一般是肋骨线和中线，或肋骨线和水线或纵剖线。以十字线为基准，在板上划出全部纵横骨架位置线，如肋板、肋骨、横梁、纵桁、纵骨，划出与其角接的板材的位置线，画出板上的开孔。同时画出板列四周的切割线及其内侧100 mm的检验线。划线后用对角线检查其误差，一般应控制在±2 mm以内。标注板列所属的分段号，板材构件和型材构件的厚度位置。有倾斜角度的构件，在位置线上注明安装角度，以减少查阅图纸的时间。

属于精度管理的大板列，划线后即可将两端的余量和引弧板割除，并用割缝内侧100 mm检验线检查边缘切割的精度。同时将构架和板缝交叉处约30 mm的焊缝批刨平整，以保证构架装配时与板的装配间隙不会大于2 mm。

4．拼板中常见缺陷及预防方法

长宽比值较大的单件板材，进行端缝拼接后，其长边的直线度难以保证。对于精度要求较高的拼板件，如图5－11所示，焊接前将板的边缘在平台上用马板固定。横缝采用逐步退焊法。翻身封底时，施焊方向和主焊缝方向相反，可较好地控制其变形。

当板列中既有纵缝又有横缝时，一般应先拼接纵缝。以免因横缝先拼接影响纵缝的直线度，造成过大的装配间隙。但板列焊接时则应先焊横缝后焊纵缝以减少焊接应力，如图5－12所示。

大面积板列拼接时，可先分块拼接，再进行块与块之间的横向拼接，如图5－13所示。

拼接前应检查钢板边缘的直线度和板面的平直度。过大的偏差应预先矫正，以保证对接各处板面高度差不超过1 mm。

板列焊接后产生的变形，用火焰进行矫正。3 mm以下的薄板焊后往往产生严重挠曲变形，难以矫平。可以在板定位焊后，先安装构架再进行板列的焊接。利用板架较好的刚性控制薄板焊接时的变形。

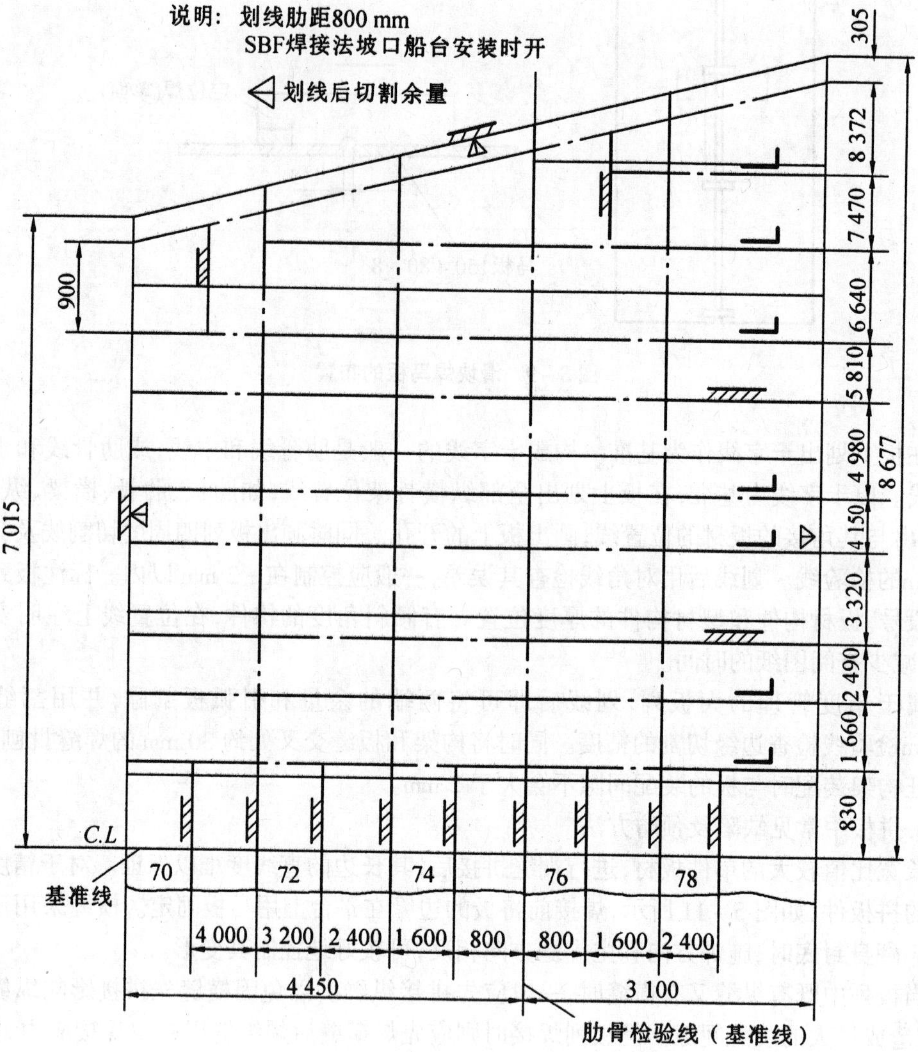

图 5－10　拼板划线草图

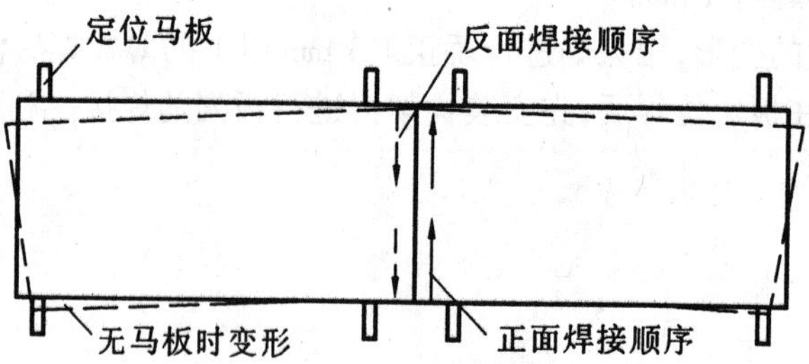

图 5－11　长板对接时变形的控制

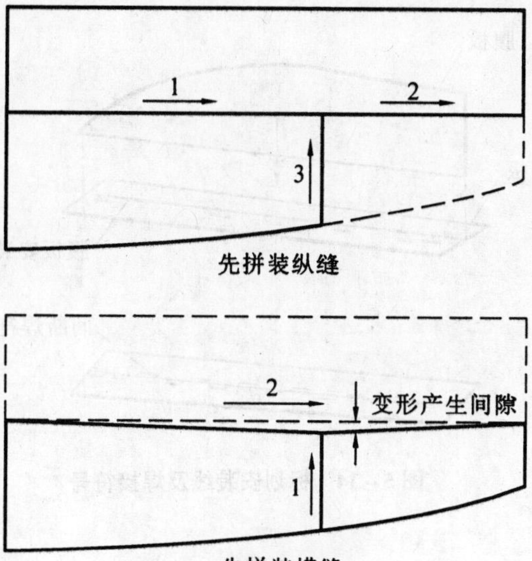

图 5－12　板的拼接顺序

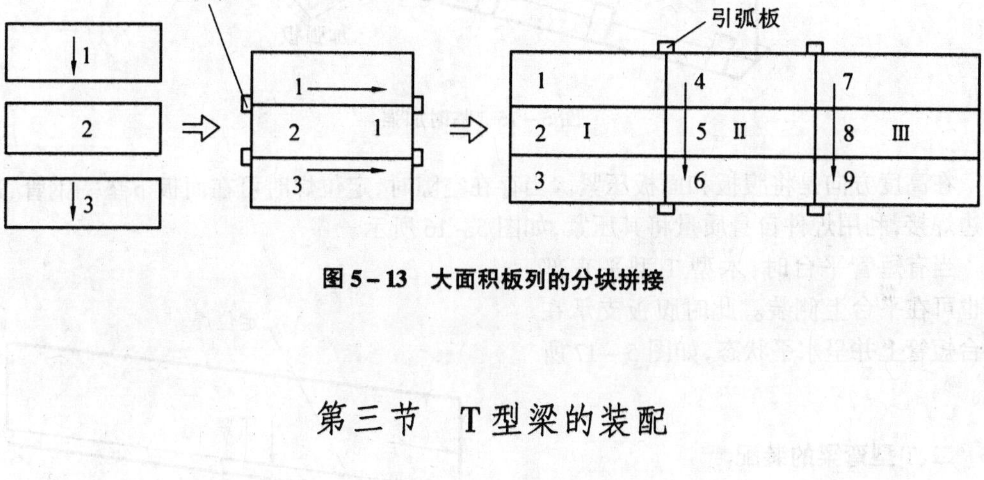

图 5－13　大面积板列的分块拼接

第三节　T 型梁的装配

一、T 型直梁的装配

T 型直梁多在平台上倒装。面板或腹板若需拼接，应在装配前预先拼接好。板厚在 6 mm以上的腹板和面板的对接缝要开坡口，焊后变形应予矫正。

倒装时，按图纸查对零件规格和尺寸后，将面板铺放在平台上，清锈。在面板上划出腹板位置线，标明厚度。若为间断焊，标出焊段符号，如图 5－14 所示。

将腹板竖立在面板上，宽度方向对准腹板位置线。在长度方向腹板和面板的相对位置有多种形式，应符合图纸要求。检查腹板和面板的垂直度。尺寸较大的 T 型梁，填角焊缝收缩变形较大，在定位焊后应设支撑板临时加强，如图 5－15 所示。

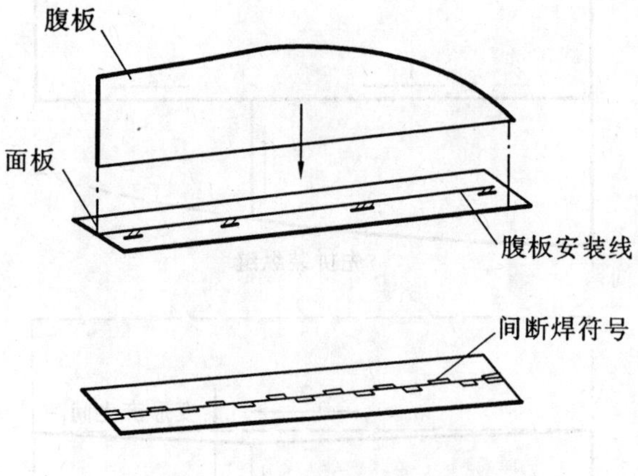

图 5-14　标划安装线及焊接符号

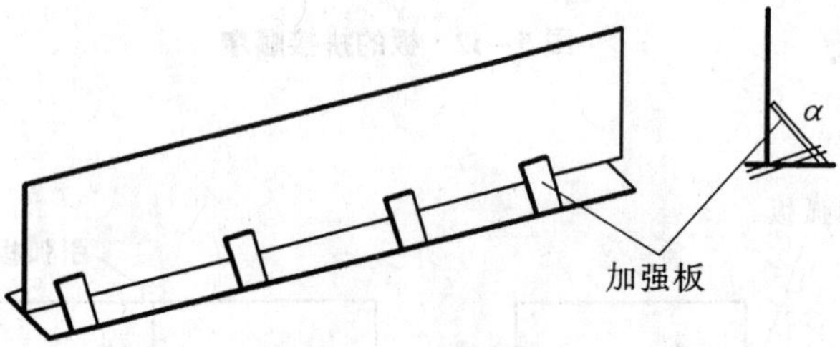

图 5-15　临时加强

在高度方向是将腹板和面板压紧。当存在空隙时，定位焊时可在面板下垫一钢管，边移动边焊接，利用焊件自身质量将其压紧，如图 5-16 所示。

当有短管平台时，木型 T 型平直部件也可在平台上侧装。此时腹板支承在平台短管上并呈水平状态，如图 5-17 所示。

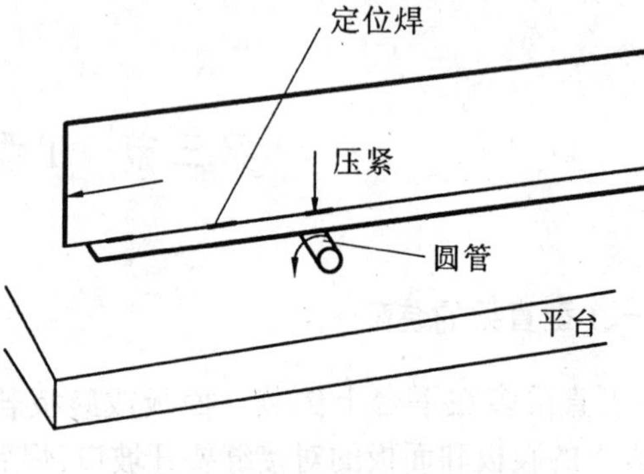

图 5-16　面板和腹板的压紧

二、T 型弯梁的装配

弯曲的宽板肋骨、宽板横梁、舷侧纵桁等 T 型梁，通常在平台上侧装。首先在平台上划出 T 型部件的轮廓形状。在两端及中间适当位置设置胎板。胎板的尺寸由腹板和面板的尺寸确定，见图 5-18，图中尺寸 *A* 比腹板宽度小 5 ~ 6 mm，*B* 等于面板安装成的宽度，*C* 比面板厚度大 10 ~ 15 mm，胎板的厚度应使其具有足够的刚性。

T 型弯梁装配时，先将腹板放在胎板上，将一端按地样定位，再将面板插入，用楔铁将其与腹板压紧。同时检查垂直度，进行定位焊。

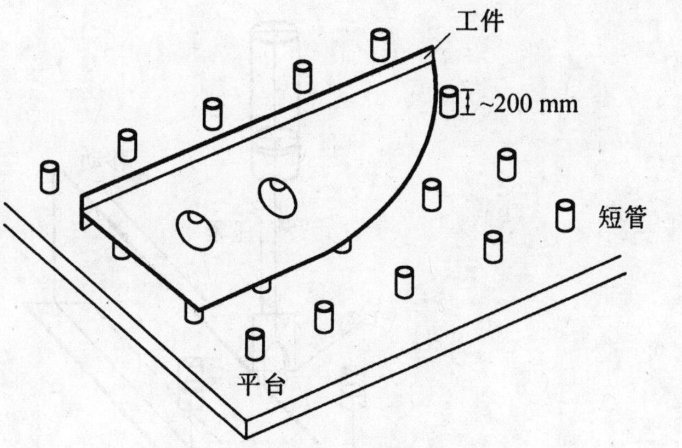

图 5-17　T 型部件装配平台

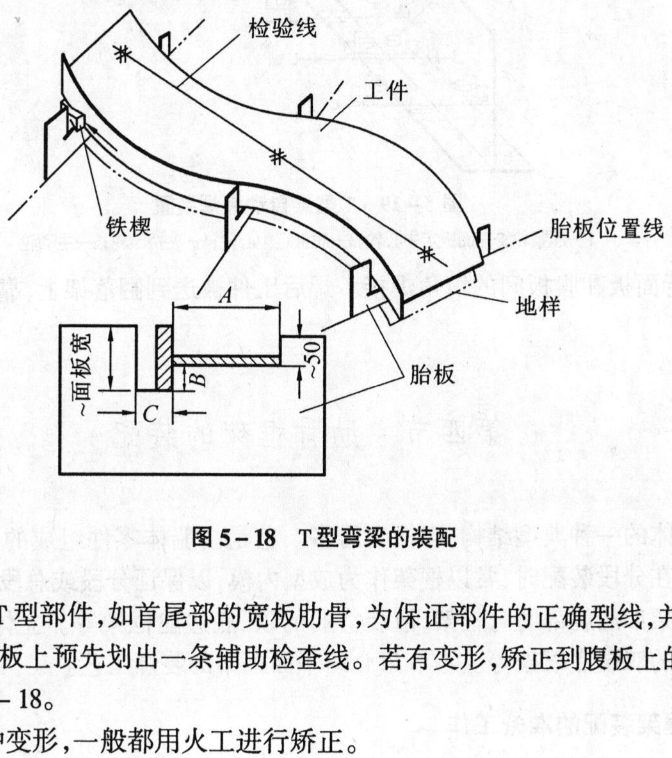

图 5-18　T 型弯梁的装配

曲率较大的 T 型部件，如首尾部的宽板肋骨，为保证部件的正确型线，并便于矫正焊接变形，装配时在腹板上预先划出一条辅助检查线。若有变形，矫正到腹板上的检验线恢复成直线为止，见图 5-18。

T 型梁的各种变形，一般都用火工进行矫正。

三、T 型梁自动装焊机

T 型梁自动装焊机由装配、焊接和翻落三部分机构组成。机构能自动完成零件上料、定位、夹紧、焊接和工件下架等一系列操作，大大提高了 T 型梁装焊效率，现在在船厂中广为应用，其主要部分见图 5-19。

装配时，面板被吊放在装配部位的中间一排滚筒上，腹板则由带电磁铁的转臂成直角位置装到面板上，然后送至焊接部位。腹板、面板通过定心轮对中以后，压紧轮将腹板和面板

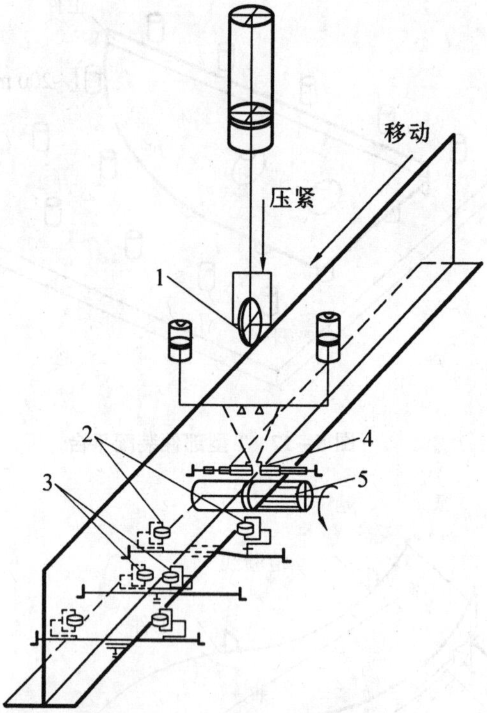

图 5-19　T 型梁自动装焊装置

1—压紧轮;2—面板定中心轮;3—腹板定中心轮;4—夹持滚轮;5—主动轮

压紧,自动进行面板和腹板间的填角焊接。焊后工件被送到翻落架上,靠汽缸运动将其翻落到地面上。

第四节　肋骨框架的装配

框架是船体的一种典型结构,以横向居多。它是由船体零件组成的一个平面封闭型或立体型部件。在分段装配时,常以框架作为成型内模,以保证分段或总段完工时具有良好的线型。平面框架如艏艉部肋骨框架,散装货船的顶、底边舱框架等。立体框架如底纵桁、纵骨和肋板组成的双层底框架等。本节只介绍平面框架的装焊工艺。

一、肋骨框架装配的准备工作

1.铁平台划线　肋骨框架都在铁平台上拼装。首先在平台上划出所装配框架的肋骨型线图,见图 5-20。肋骨型线图可用水线和以剖线的半宽、高度值画出,或用活络样板、格子样板画。铁平台上划出的是带梁拱、左右对称的完整肋骨型线。如肋骨框架数量较多,铁平台面积不足,可将艏艉部分的型线倒置后重叠在一起。在肋骨型线图中划出板缝、纵桁、纵骨结构线和框架构件的对接线,标注中心线和基线。

2.检查框架零部件　按图纸检查肋板、肋骨、横梁和肘板的零件号和形状。当零件形状和型线不符合时,钢板零件应进行边缘修割。型材零件应作火工矫正。不允许用有偏差的

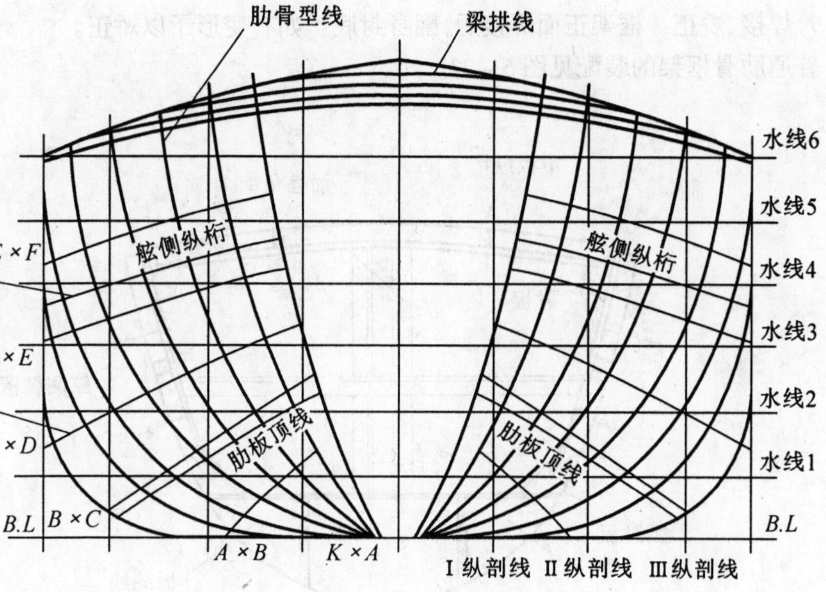

图 5－20　铁平台上的肋骨型线图

零件强制装配，否则框架在焊后解除约束时会产生回弹变形。

3.辅助材料准备　按需要准备的用于临时加强的型钢材料，根据框架大小可用旧角钢或槽钢。

二、普通肋骨框架的装配

普通肋骨框架的装配工艺如下。

1.肋板定位　将肋板放平，对准中心线和肋骨型线，用马板固定。数控切割的肋板精度较高，一般都不留余量。若需要按地样上的型线修割肋板时，先在肋骨型线外侧 10～20 mm 划一条平行的辅助曲线，以此为依据在肋板上划线修割，如图 5－21 所示。

2.肋骨定位　将肋骨筋边向上平放对准型线。如上下端有余量，划线切割，用马板固定，见图 5－22。

3.横梁定位　将横梁筋边向上平放对准梁拱线和中心线。如有余量，划线切割，用马板固定。

4.装梁肘板和舭肘板　检查肋骨、横梁和肘板是否平整。搭接的舭肘板和肋骨要紧密贴合。整个框架应平整，进行定位焊。

5.驳线　将地样上的中心线，旁内龙骨、舭侧纵桁、甲板纵桁以及纵缝等

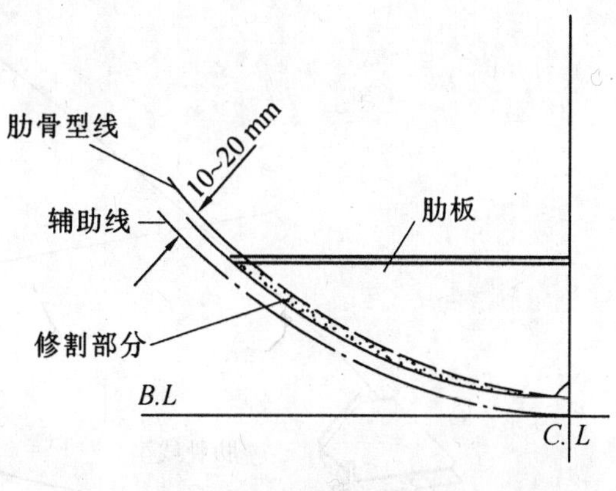

图 5－21　按地样修正肋板

用白漆画在肋骨框架上，供分段装配时使用。

6.临时加强　肋骨框架装配后，用型钢对框架作十字支撑加强。

7.焊接、矫正　框架正面焊接后，翻身封底。如有变形予以矫正。

普通肋骨框架的装配见图 5－22。

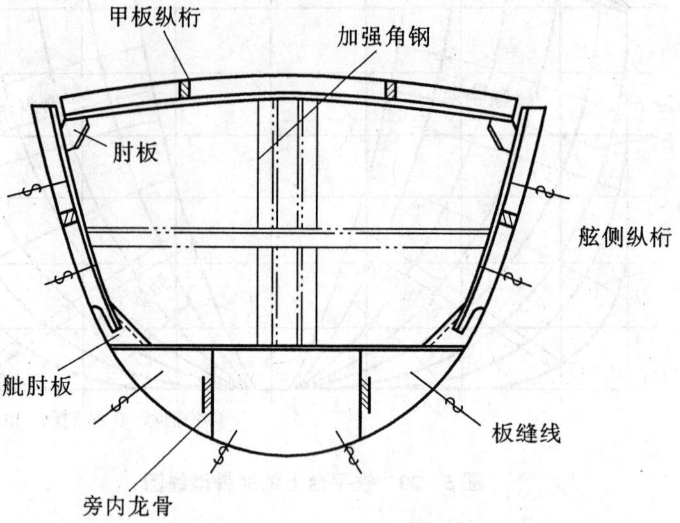

图 5－22　肋骨框架装配及临时加强

三、宽板肋骨框架的装配

组成宽板肋骨框架的肋板、肋骨、横梁和肘板，都已预先装配成 T 型部件，其装配步骤如下。

1.接缝划线　将肋板、梁肘板放到平台上，用木楔将腹板垫起成水平状态，用角尺检查使其与型线吻合。再用角尺将零件两端线驳划到地样上，作为肋板与肋骨、梁肘板与肋骨、横梁的接缝线，然后将肋板和肘板移开，这个操作如图 5－23 所示。

2.肋骨和横梁定位　分别对准中心线、梁拱线和肋骨型线以后，将地样上肋板和肘板的

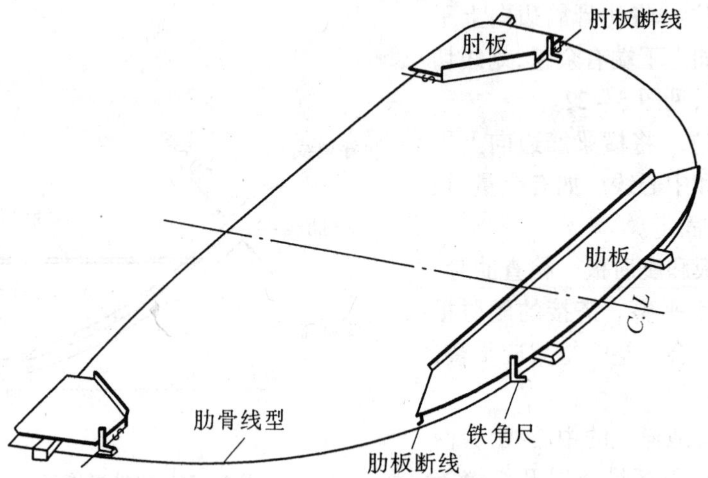

图 5－23　在地样上标划肋板、肘板端缝

端线驳划到肋骨和横梁上。切割余量，重新定位，将面板两端临时定位焊在平台上，见图 5-24。此时腹板应呈水平状态。

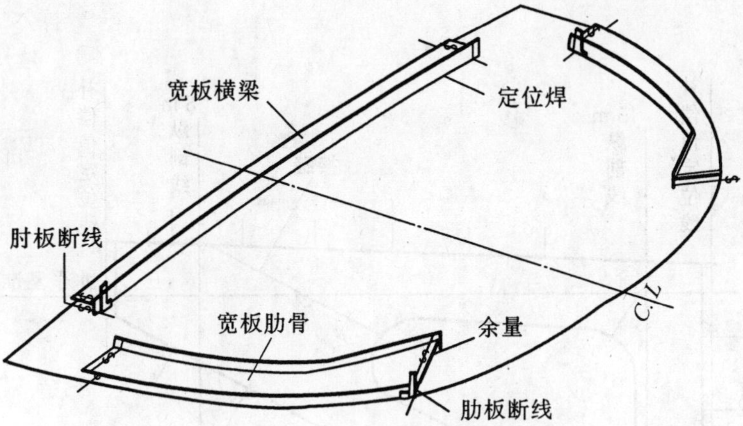

图 5-24　宽板肋骨、宽板横梁的定位

3.嵌装肋板和梁肘板　将肋板和肘板嵌入、并用角尺复查肋骨框架外形是否和型线很好吻合，局部偏差应进行修割。框架的腹板应在同一平面，进行定位焊，见图 5-25。

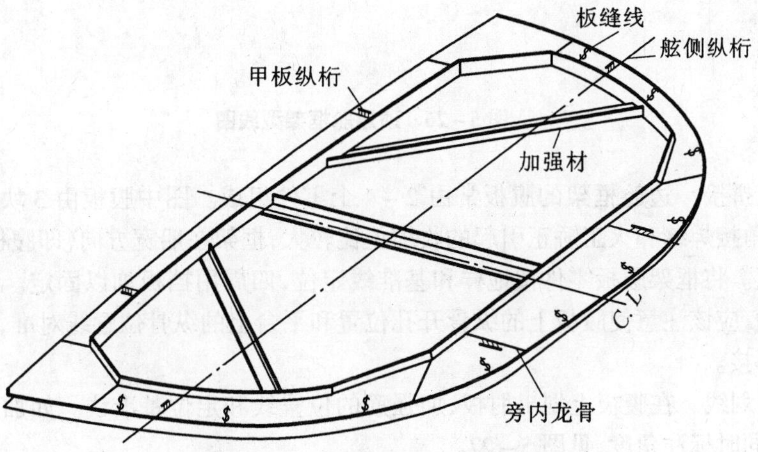

图 5-25　框架拼接及临时加强

4.临时加强　如图 5-25 所示，用型钢对框架进行支撑加强。

5.驳线　用角尺将肋骨型线上的板缝、纵桁等结构线驳到框架上。

6.焊接、矫正　框架正面焊接后，翻身封底焊，若有变形，火工矫正。最后在肋骨型线上进行复查。

四、边舱框架的装配

散装货船的边舱框架由框架腹板、面板、加强筋和肘板组成，属于平面框架，其装配步骤如下。

1.平台划线　按工件型线图在平台上画出边舱框架外形线和基准线,通常取水平线和纵剖线作基准线,如图 5－26 所示。在型线图中划出外板、甲板和底侧板上纵骨的位置线和补偿值。

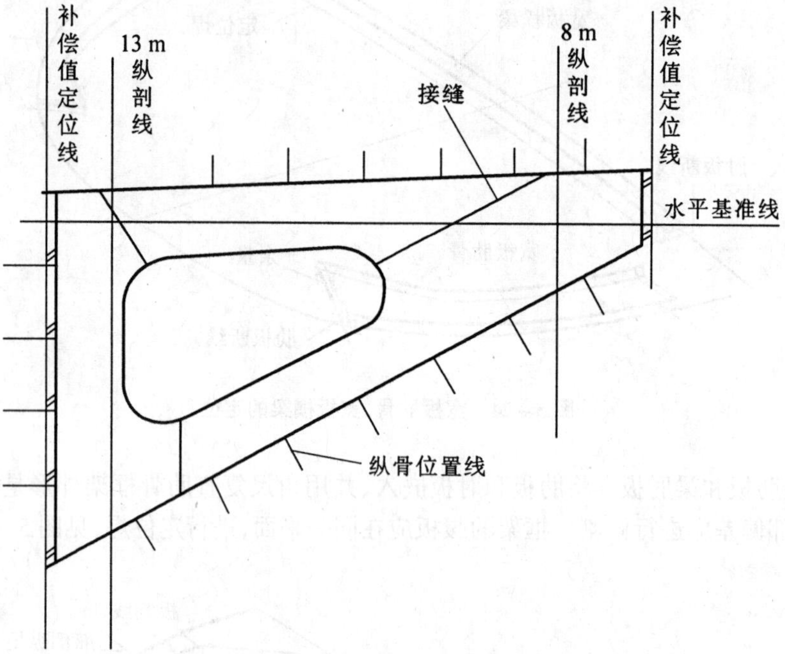

图 5－26　顶边舱框架型线图

2.腹板拼接　边舱框架的腹板常由 2～4 个零件组成。图中腹板由 3 块组成。边舱框架因对接、角接焊缝和火工矫正引起的收缩值比较大,框架在船宽方向(即腹板的长度方向)留有补偿量。将框架腹板零件按地样和基准线定位,四周用挡板加以固定。如腹板不是数控切割零件,应该注意使腹板上的纵骨开孔位置和平台上的纵骨位置线对准,修割腹板对接缝后再行焊接。

3.腹板划线　在腹板上划出肘板、加强筋的位置线和定位基准线。如加强筋和腹板间有倾角,要同时标注角度,见图 5－27。

4.安装框架面板、肘板和加强筋,对准位置线和基准线,检查垂直度或夹角,进行焊接。

5.装配焊接后,检查焊缝,修理打磨,补好底漆。将框架翻身置于翻身作业平台上,经火工矫正后装反面构件。

框架腹板上如有大尺寸的构件可在分段上散装,以免焊接后造成框架扭曲变形难以矫正。

6.框架完工后应测量型值,进行质量检查,划基准线,标注编号,最后送往分段区。

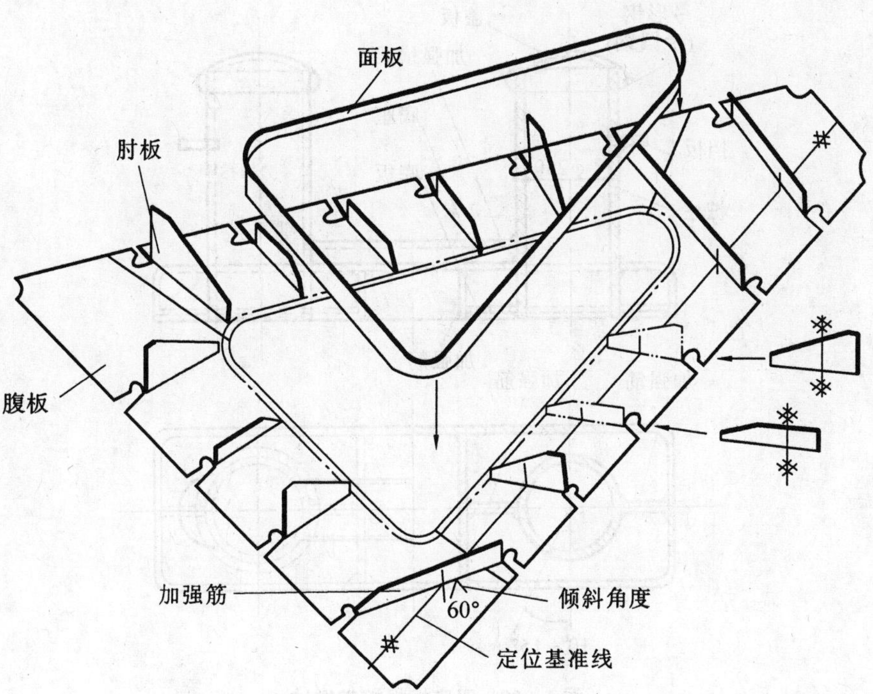

图 5-27　顶边舱框架装配

第五节　焊接带缆桩的装配

带缆桩是一种系船设备，船舶停泊时用于系缚缆索，分焊接和铸造两种。焊接带缆桩的由钢板制成，有多种型式。图 5-28 所示为双底板焊接带缆桩，通常直接与甲板焊接。单底板的焊接带缆桩及铸造带缆桩则用螺栓或铆钉固定在带缆桩的底座上。底座直接焊接在甲板上。

双底板焊接带缆桩的装配工艺如下。

1.看图备料　由图 5-28 可知，该带缆桩由桩柱、底座、底板、加强筋、加强横梁、挡板、弓形箍和盖板等零件组成。看图了解带缆桩结构及各部分尺寸。检查已加工成形的各个零件的形状和尺寸。底座的下缘留有余量。

带缆桩在平台上正装，其中桩柱和底座预先装配成部件。

2.桩柱拼接　桩柱由于直径较小，厚度较大，一般都由两片半圆体合成。半圆体已在液压机上压制成形，不应有翘曲、歪斜和椭圆度。

桩柱装配后只进行单面焊接，其对接缝的坡口角度为 60°，留根 2 mm。如采用自动焊，留根可略微增大。两半圆件拼接时，可在柱体外套一圆箍，端部对齐后用铁楔将其压紧，也可以用千斤顶和链条等简单工具将其压紧，如图 5-29 所示。同时用钢尺检查桩柱的直径。

桩柱拼接后，在其上划出中心线、弓形钢、挡板及底座顶板等的位置线。在桩柱上焊好装配定位马板。

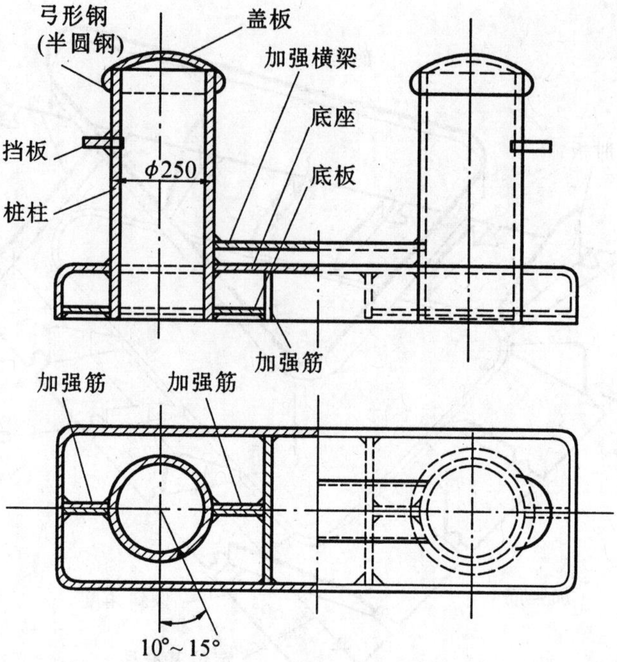

图 5-28　双底板焊接带缆桩

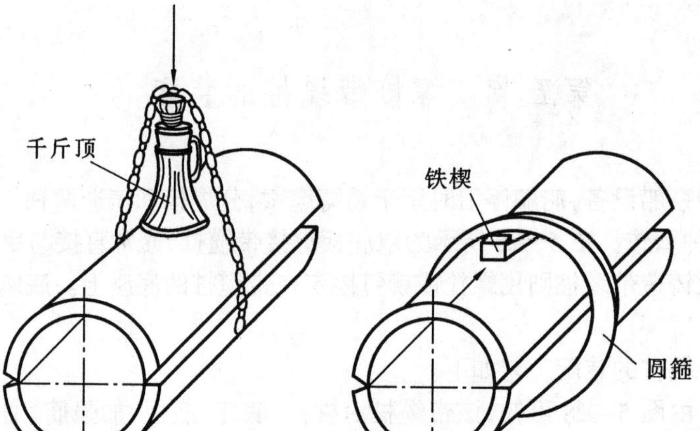

图 5-29　桩柱的拼接

目前,常将几个直径相同的桩柱一起进行加工。将长钢板经切割、刨边、轧半圆、装配焊接后,再按桩柱长度逐段切割,这样可以提高制作效率。

3.底座装配　底座装配后,在底座的上面划出桩柱中心线,加强横梁位置线。在底座下面划出加强筋位置线。用圆割矩在底座面板上割出圆孔。孔径可比桩柱外径约大 1 ~ 2 mm,以便于桩柱插入。割下的圆形板可用作制造桩柱盖板的材料。

4.桩柱装入底座　将桩柱插入底座圆孔,定位马保证了图纸要求的高度尺寸 H。并使桩柱的接缝和桩柱的横向中心线成10°～15°(参见图5-28)。用角尺在不同位置测量桩柱和底座表面的垂直度,定位焊,见图5-30。

5.装底座内的加强筋板　将带缆桩翻身放稳,进行桩柱和底座的填角焊。按位置线装加强筋,进行焊接。

6.装其他零件　底座内的零件装焊后,再将带缆桩翻身正放在平台上。按位置线装月牙形挡板。挡板的中心线和底座上的纵向中心线对正,并用角尺检查和桩柱的垂直度。

按照位置线装弓形钢,使弓形钢高出桩柱一层顶板的厚度,其定位焊应焊在弓形钢的下侧,以免影响盖板的安装。

由底板上割下的圆形板,经火工抛顶压制成球冠状,装于柱顶后形成自然的焊接倾角。

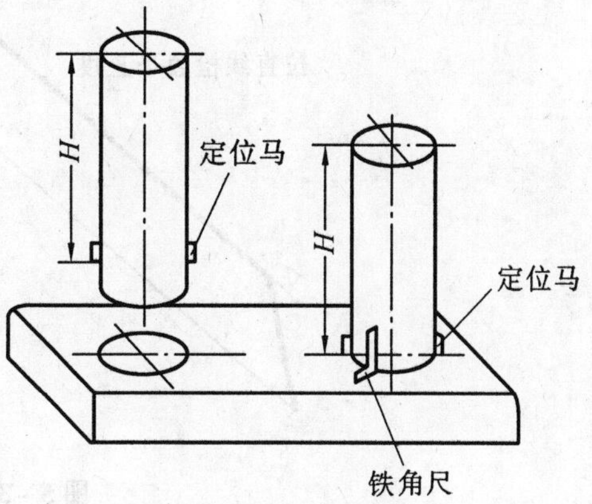

图5-30　安装桩柱

焊接结束后的带缆桩,各处锐边要倒圆角,焊缝要打磨,以避免在使用时将缆索磨损或刮伤。

第六节　机座的装配

机座是船上各类机电设备安装时的底座。主机座大多安装在内底板上。只有小型船舶的主机座直接安装在船底外板上。辅机种类繁多,机座形式各异。安装的位置可能在内底板,舷侧外板,舱壁和甲板上。有的还倒置于甲板下。虽然主、辅机机座结构和尺寸差异很大,一般都由T型部件组合而成。都以机座的顶面或底边为基准在平台上倒装或正装。

现以主机座为例,介绍机座装配工艺,如图5-31所示,主机座由左右两列纵向桁材,若干块横向隔板及加强肘板组成。主机座的长、宽、高的尺寸要求较高。特别是机座上表面的平整度必须符合设计要求。

主机座的装配工艺如下。

1.部件准备

主机座的纵向桁材,横向隔板和加强肘板,都是T型部件。它的装配方法和前面介绍过的焊接T型梁的装配方法相同,但由于机座上表面的平整度要求较高,且纵桁腹板又不在面板的中线上。纵桁装配时,要拉线检查腹板上口的平直度。装配时注意左右两列互相对称。面板和腹板焊接前要临时加支撑,以防产生过大的角变形,横向隔板和加强肘板的腹板都位于面板的中心,机座纵桁的装配见图5-32。

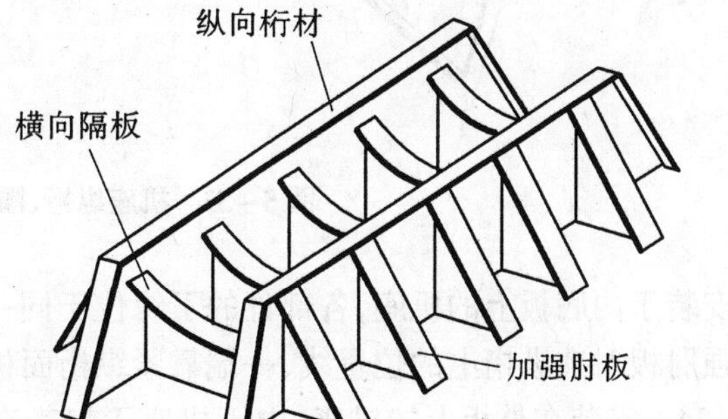

图5-31　主机座结构

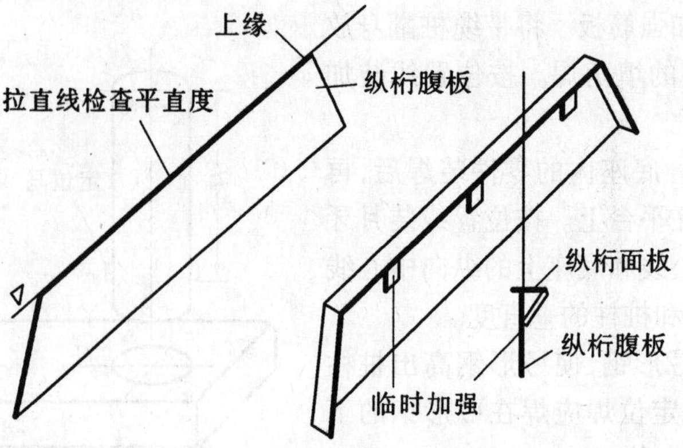

图 5-32 机座纵桁装配

T型部件焊接后，要经过火工矫正。特别注意纵桁的平直度和横向隔板的宽度尺寸。

2.部件的划线和肘板的安装

在机座纵桁上按草图或样板划出横向隔板和加强肘板的位置线、水平检验线和下口的余量线。横向隔板上也要划出水平检验线和下口余量线，并检查隔板的宽度。纵桁、隔板的划线见图 5-33。

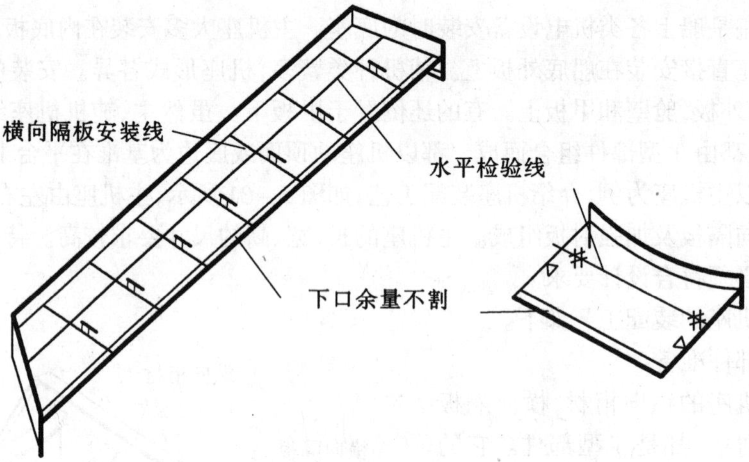

图 5-33 机座纵桁、隔板的划线

安装于内底板上的机座，各部件的下缘位于同一平面，加强肘板可预先安装到纵桁上。将加强肘板对准纵桁上的位置线，一端靠紧纵桁面板，检查和腹板的垂直度，进行定位焊，见图 5-34。安装在外板上的机座，由于机座下口带有线型，不在同一平面，一般在机座安装到分段上时再装肘板。

主机座下口的余量装配时不切割，当主机座在分段或船台上安装时，经定位后划线切割。

3.机座总装

各类机座一般都在平台上正装或倒装。主机座尺寸较大,当平台的平整度达不到要求时,则可在平台上制作简单的胎架。胎架的高度约500 mm左右,以便于操作为宜,下面介绍在胎架上用倒装法装配主机座的方法。

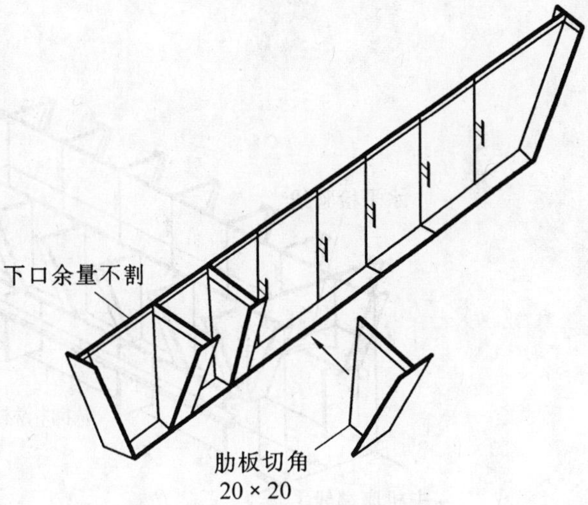

图 5-34　装加强肘板

(1)按图纸尺寸在平台上划出机座中心线、纵桁位置线和机座的端线。根据需要确定胎板的数量和位置。垂直竖放各胎板,并用型钢支撑固定。使胎板的上缘构成一个准确的水平面。

(2)将一侧纵桁吊放在胎架上,用吊线锤调整位置,使纵桁在平台上的投影对准纵桁位置线和端点线,见图 5-35。将纵桁和胎架定位焊,并用角钢予以临时支撑。用同样方法吊上另一侧纵桁进行定位,但暂时不与胎架固定,使之在宽度方向可稍微松动,只用临时支撑固定,防止翻落。

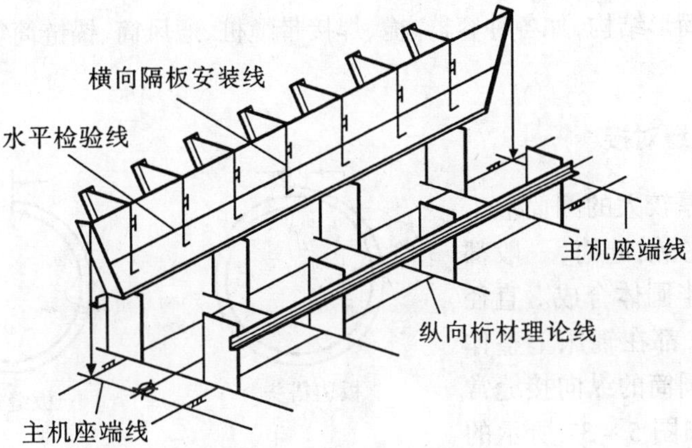

图 5-35　机座纵桁定位

(3)横向隔板安装　首先吊装首尾两端的隔板,使机座的宽度得以固定,安装时对准纵桁上的隔板位置线,并使隔板和纵桁上的水平检验线吻合。此时借助倒正螺丝调节两列纵桁的距离,使隔板能方便地插入,隔板插入定位后再复测纵桁间距,进行定位焊。然后再依次嵌入中间各块隔板,见图 5-36。

(4)焊接、矫正　主机座在胎架上装配成整体后进行焊接,注意焊接顺序以控制机座的变形。焊后要依据机座上的水平检验线进行复测。吊离胎架后根据变形情况进行火工矫正,达到所要求的精度标准。

各类辅机座的装配步骤和方法和主机座基本相似。由于其尺寸较小,都在平台上倒装。

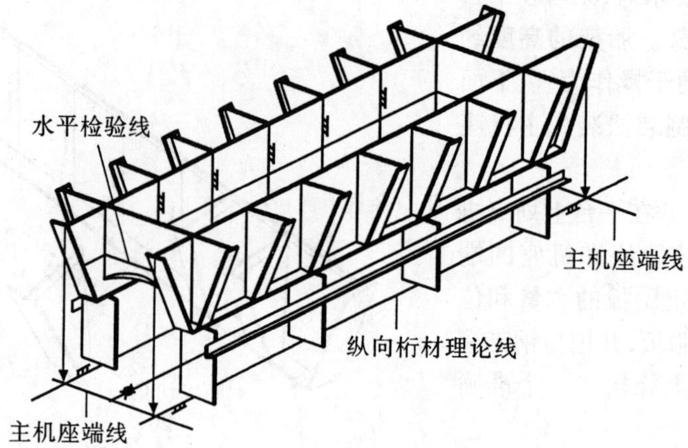

图 5-36　装横向隔板

第七节　圆筒形工件的装配

船上有许多圆筒形结构，如各种容器、桅、焊接带缆桩、通风筒、锚链筒等，圆筒形工件的装配工艺如下。

一、单节圆筒纵缝对接

直径较小而板厚较大的圆筒形工件，如带缆桩的桩柱，锚链筒，一般都由两片压制成形的半圆体合成。直径较大的圆筒形零件，都在辊床上整体滚制成圆筒。这类圆筒的纵向接缝常会存在某些缺陷，如图 5-37 所示的板边相搭，板缝间隙过大，两板边高低不平和端面扭曲等。进行单节圆筒的纵缝对接，主要是采用相应措施，消除上述缺陷，使纵向接缝两边对齐，达到规定要求。

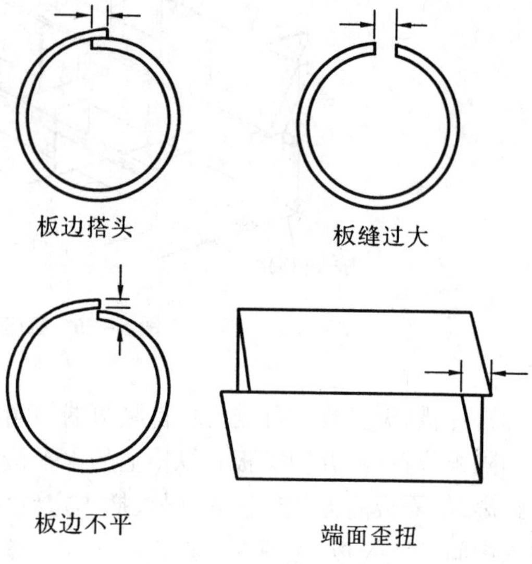

图 5-37　圆筒滚压后的缺陷

当对接纵缝出现相搭现象时，可用锤敲击圆筒曲率过大处的外侧，使搭接处逐渐放开。如圆筒板较薄而直径较大，可用吊车按图 5-38 中的位置将圆筒吊起，靠圆筒自身质量使重叠处分开。如搭接量不大，装配时也可用撬杠将其撬开。

如接缝处出现过大的间隙，可在筒体上接缝两端对应处，分别焊上两对短角钢，角钢上钻有圆孔，用螺栓穿入两角钢内，拧上螺母即可对接缝间隙进行调整。在整条焊缝上完成定位焊后，割除角钢，磨平焊疤。

当圆筒的接缝两边高低不平时，可以采用图 5－39 所示的各种方法进行校正。所使用的只是撬杠、楔铁和马板等简单的工夹具。单节圆筒纵缝对接后，要用样板检查各处形状，并进行必要的矫正。

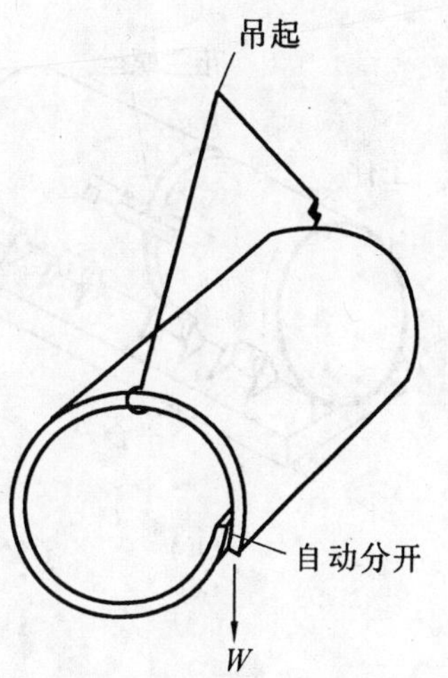

图 5－38　吊起分开板边搭头

二、两节圆筒的对接

桅等大型结构，都由多节圆筒制成。两节圆筒对接时，要保证对接环缝和两节圆筒的同轴度误差都符合相关要求。

为使两节圆筒易于获得同轴度并在装配过程中便

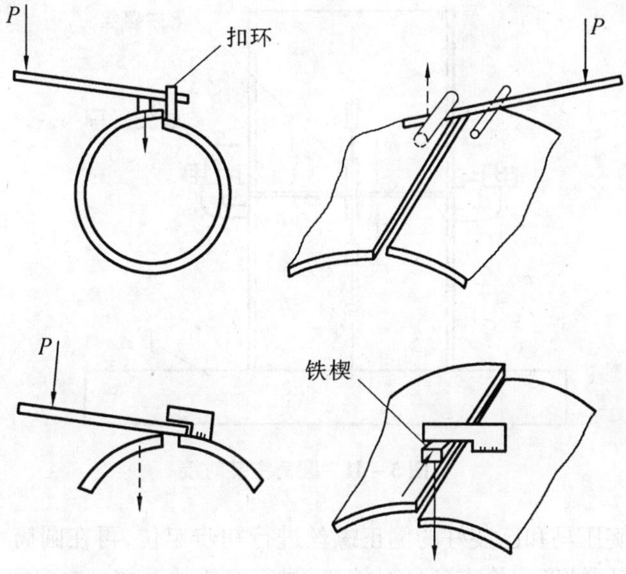

图 5－39　对齐圆筒板边的方法

于转动，通常都在专用胎架上采用卧装方式进行装配。图5－40(a)为滚轮式胎架。直径相等的滚轮以其准确的安装位置，使两排滚轮的母线构成两条平行的直线以支承圆筒，保证圆筒装配时的同轴度。由于支承在滚轮上，装配中很容易用手使其转动。如果圆筒在对接时很少或不需转动，则可使用图 5－40(b)所示的模板式胎架进行装配。

对接时，将两节圆筒吊上胎架，使其靠紧或按要求留出焊缝间隙。检查并校正两节圆筒的同轴度，进行定位焊。如果对接缝处出现局部不平时，可用楔铁、压马等进行校正。

圆筒对接也可采取立装方式直接在平台上进行，如图 5－41 所示，不需专用胎架。先将一节圆筒立放在平台上，检查其水平度。在靠近上口适当位置焊上几只螺旋压马。将另一

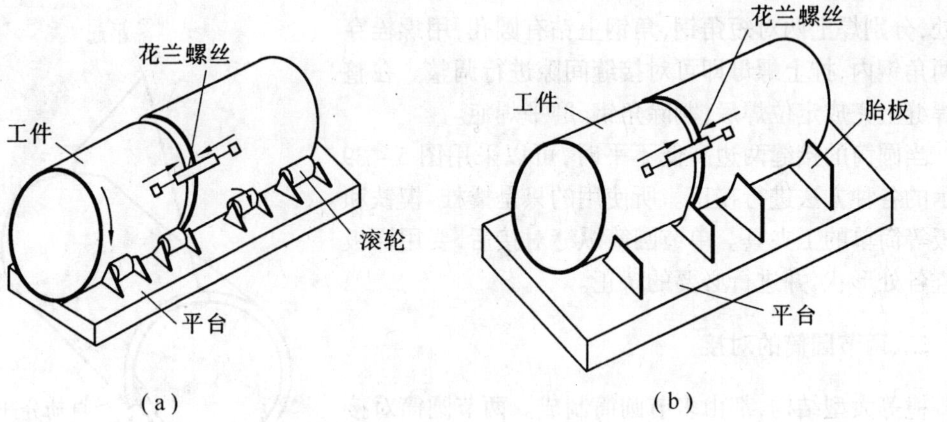

图 5-40　圆筒对接装配胎架

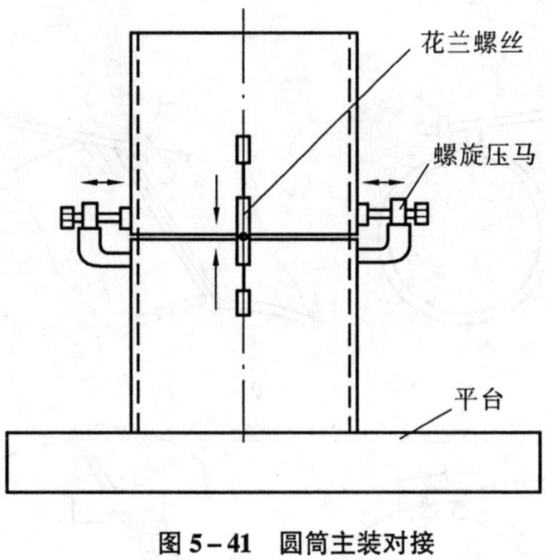

图 5-41　圆筒主装对接

节圆筒吊上,用螺旋压马和已装好的倒正螺丝进行初步定位,再在圆筒上端焊一角钢,在中心处悬线锤检查其同轴度。检查环形对接口,进行必要的调整。在定位焊后即拆除夹具,磨平焊疤,进行环缝焊接。

练　习　题

1.采用滑块式单面焊时,定位马板应在端部的两面进行焊接。　（　）

2.两节圆筒进行立式对接时,应使用专门的装配胎架。　（　）

3.肋骨框架装配时,与地样局部不吻合的肋骨型钢,可借夹具施加外力使之贴合型线进行装配。　（　）

4.主机座在胎架上总装时，纵桁装好后应先装两端的横向隔板，再装中间隔板。(　　)

5.设置于外板上的主机座纵桁上的加强肘板，只能在机座安装到外板上时装配。(　　)

6.不对称T型梁装配时所加的临时支撑，是为了减少焊接产生的弯曲变形。(　　)

7.由零件经过一次或二次以上装配所形成的结构单元是________和________。

8.T型弯梁是指________板弯曲的焊接T型梁、T型弯梁一般在平台上________装。

9.肋骨框架是在划有________的铁平台上装配的。其上划出梁拱线和完整的________。

10.狭长板对接时，借平台上的________控制变形。同时存在纵横缝的板列，应先拼接________缝。

11.单面焊双面成型的衬垫有____________式和____________质衬垫两种。

12.宽板肋骨框架装配中，肋板定位时是对准________和________。

13.将桩柱安装到带缆桩底座上时，是用________控制其高度尺寸，并使桩柱的焊缝和________成10°～15°角。

14.宽板肋骨框架装配时，通常在________和________的两端留有余量。

15.普通肋骨框架装焊后应当标划的线有中线，________线和________位置线。

16.拼板划线草图中标注的尺寸主要是____________和____________的位置尺寸以及理论线处的板和型钢的________符号。

17.安装顶边舱框架上的加强筋和肘板时，要对准________和________。

18.圆筒整体滚压加工后可能出现哪几种缺陷?

第六章　分段装配

分段装配俗称中合拢，是船体装配的第二个工艺阶段。分段装配是将部件、组合件、子分段和部分零件，在平台或胎架上组装成分段或总段，然后吊运到船台上进行大合拢。由于推行壳舾涂一体化的造船模式，这个阶段除完成船体结构的装配焊接外，还要进行密性试验和分段的二次除锈涂装。同时在分段或总段上进行预舾装作业，以尽量减少船台工作量，缩短船舶建造周期。

在初级本教材中只介绍有关胎架和较简单的船体分段的装配工艺。

第一节　胎　　架

胎架和平台是分段装配的主要工艺装备。胎架是根据船体肋骨型线，按照所装配分段的外形制造的。在分段建造时，胎架作为分段的外模，支承在分段无构骨的一面。

一、胎架的作用

不同型式的胎架，其功能也不完全相同。总的说来，胎架在结构装配的过程中可具有以下功能。

1.作为分段的支承，具有必要的强度和刚性，承受分段的质量力和焊接过程中由分段传递的外力。

2.依靠由胎板或支柱所形成的线型，保证分段的型值符合设计要求。

3.提供分段上各零件定位、划线和测量的基准。

4.部分胎架还可依靠自身较好的刚性，起到限制分段焊接变形的作用。

当采用支柱式通用胎架时，外板是在自由状态下装配的，胎架基本上不具备控制分段变形的功能。

二、胎架的类型和结构

1.胎架按用途分类

胎架按用途分为两大类。

(1)船体分段胎架　包括底部分段、舷侧分段、甲板分段、槽形舱壁分段胎架和艏艉柱胎架。

(2)大型钢舾装件胎架　包括舵叶、桅杆、烟囱、大型舱口盖以及导流管胎架。

2.按结构特征分

(1)固定式专用胎架　图 6-1 为专用胎架的外观图。这类胎架的结构有单板式、框架式和支柱式三种。

单板式胎架结构见图 6-2，其胎板用整张钢板切割而成。单板式胎架刚性较好，能较好地控制分段制造中的变形。在单板式胎架上建造时，分段处于强制状态。单板式胎架的

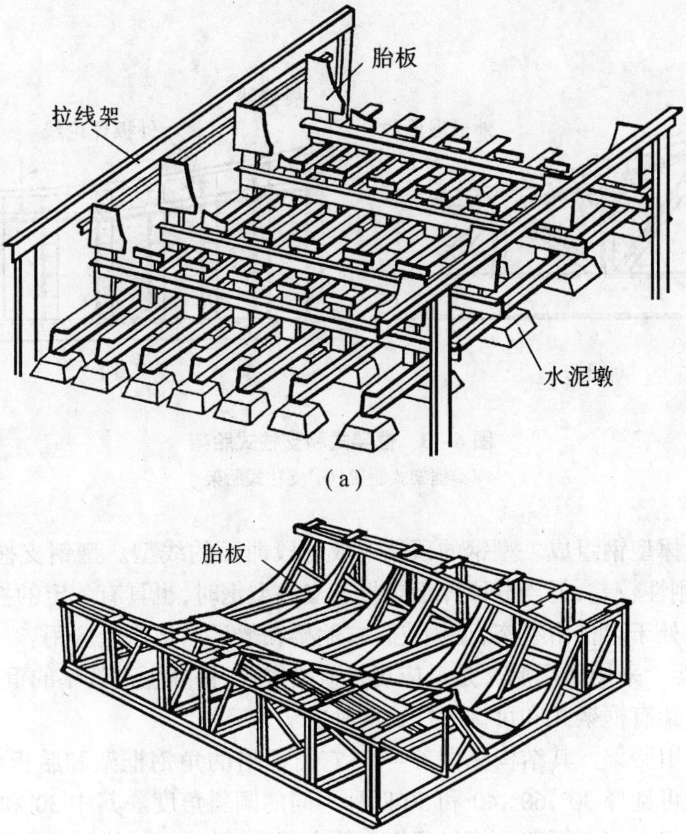

图 6-1　专用胎架

制造耗费大量钢板和工时，成本较高，是早期曾普遍使用的胎架。

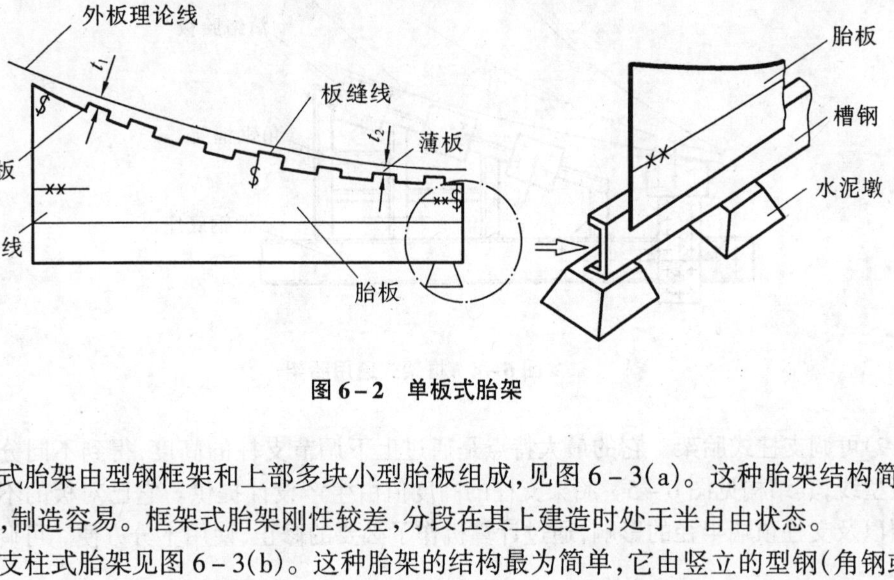

图 6-2　单板式胎架

框架式胎架由型钢框架和上部多块小型胎板组成，见图 6-3(a)。这种胎架结构简单，节省材料，制造容易。框架式胎架刚性较差，分段在其上建造时处于半自由状态。

型钢支柱式胎架见图 6-3(b)。这种胎架的结构最为简单，它由竖立的型钢(角钢或球

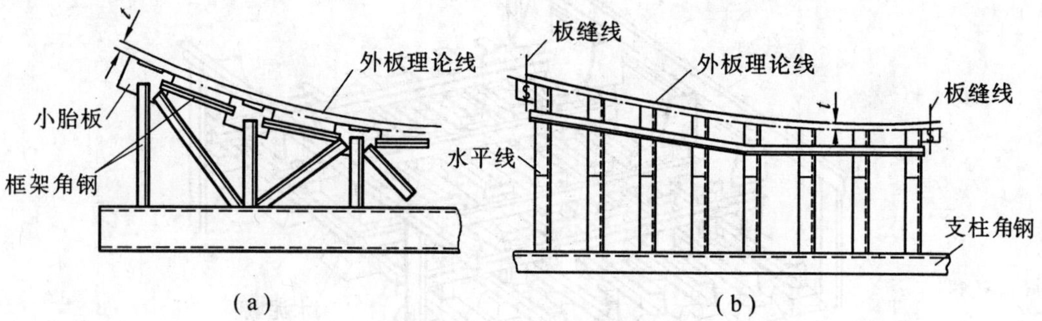

图 6-3　框架式和支柱式胎架

(a)框架式胎架;(b)支柱式胎架

扁钢)和少量拉、撑型钢组成。型钢的顶端形成分段曲面的线型。型钢支柱式胎架成本低,易于制造,结构刚性较差,但当分段外板焊接于支柱型钢时,也具有一定的控制变形的作用,使建造中的分段处于半自由状态,型钢支柱式胎架在船厂已被广泛应用。

(3)通用胎架　采用通用胎架是适应现代造船需要,提高生产效率的重要手段。目前船厂常见的通用胎架有框架式和可调支柱式两种。

1)框架式通用胎架　其结构见图 6-4。它由活络的角钢框架和胎板组成。这种框架根据不同的船型可选择 30°,60°,40°和 50°四种不同的倾斜角度。其中 30°和 60°,40°和 50°是分别做在同一框架上。在框架的倾斜型钢上钻有螺孔,供连接活络胎板和调节胎板的高度。框架自身也可借螺栓在底座槽钢上作宽度方向的调节。

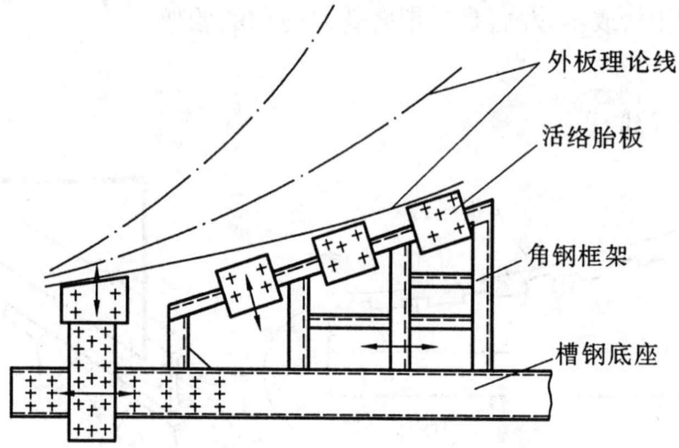

图 6-4　框架式通用胎架

2)可调支柱式胎架　它的最大特点是通过上下调节支柱的高度,得到不同分段的各种外板型线,其结构见图 6-5。胎架支柱的高度值由生产设计提供。它已对板的不同厚度和倾斜以及支柱顶端半径的影响,通过计算机作了必要的修正,使用十分方便。可调式支柱胎架的结构型式大同小异。先通过定位销伸缩内管进行高度的粗调，再依靠顶部的螺旋对高度进行细调，使其准确符合所提供的胎架数据。

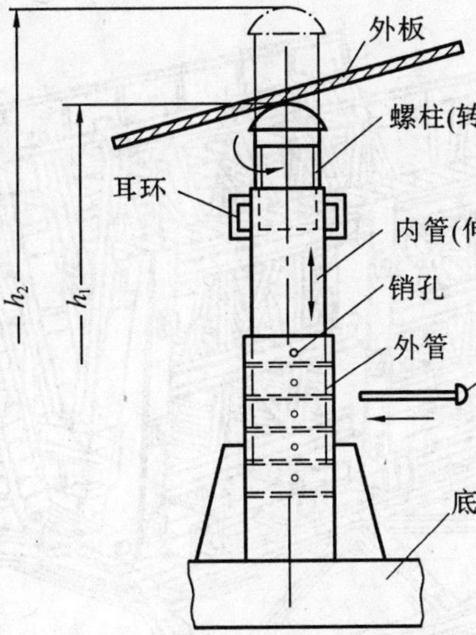

图 6-5　可调式支柱胎架

当分段在各类胎架上装配时，分段铺板和胎架型钢支柱或胎板固定的形式有图 6-6 所示的几种，它能对分段产生不同程度的约束作用，以控制分段的焊接变形。

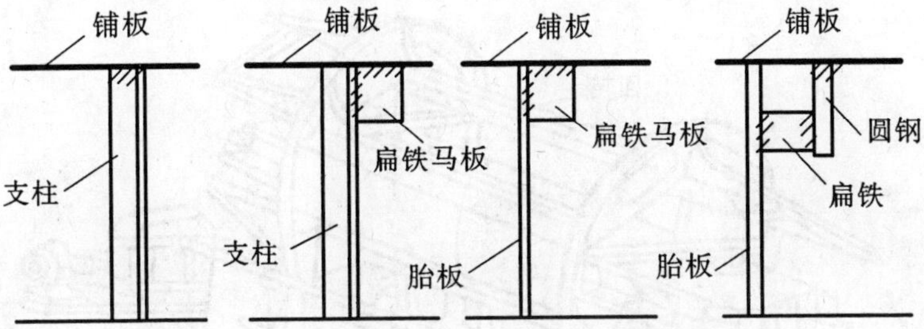

图 6-6　分段铺板与胎架固定的形式

(3)摇摆胎架和回转胎架　图 6-7(a)所示为摇摆胎架，(b)为回转胎架。这种胎架是通过摇摆或回转改变胎架工作面的空间位置，从而使焊缝处于较平坦的状态，以便于采用自动焊和 CO_2 气体保护焊，提高分段焊接的效率。

目前，船厂多以水泥平台作为胎架的基础。水泥平台既可作为胎架的基础，又可直接作为装配平台使用。水泥平台的结构较强，平台表面预先埋设型钢，水泥平台的面积大，划线方便。其缺点是表面比较粗糙，胎架也可坐落在预制好的水泥墩基础上。各类胎架基础见图 6-2 和图 6-8。

三、胎架的制造

1.型钢支柱胎架的制造

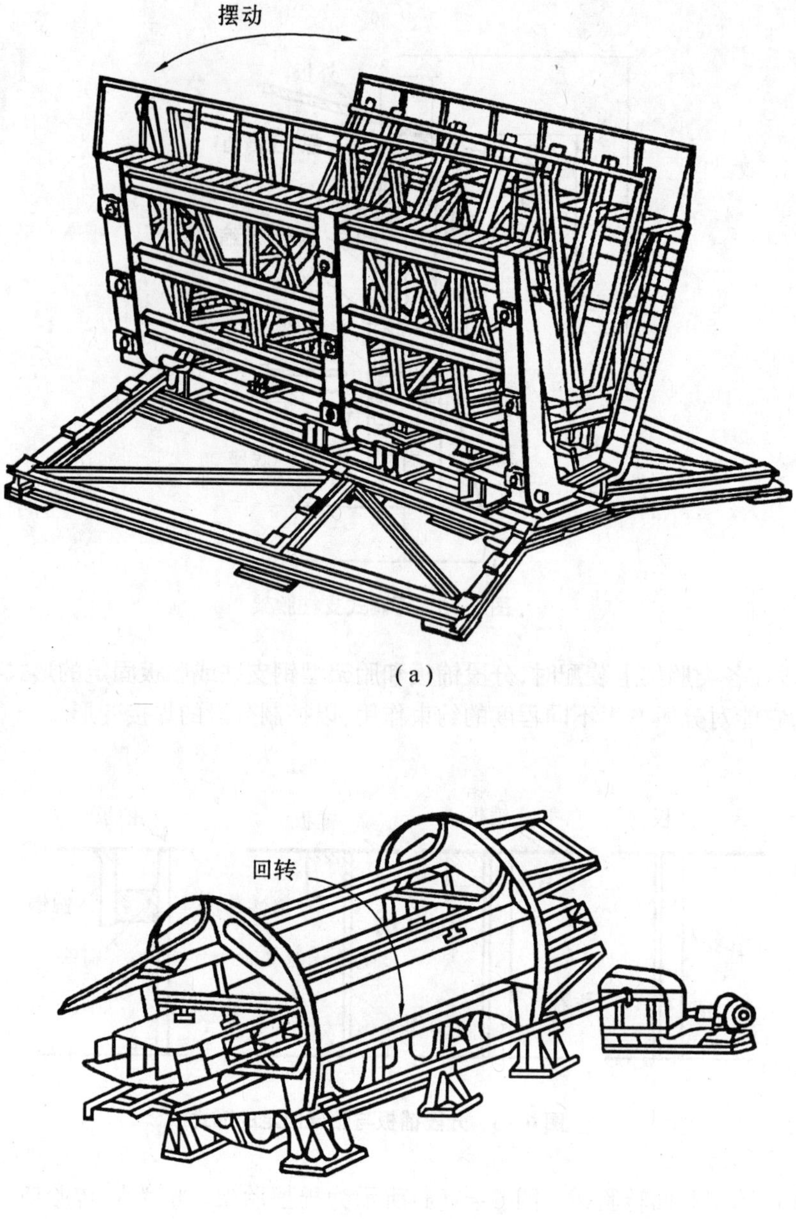

图 6－7　摇摆胎架与回转胎架

(a)摇摆胎架;(b)回转胎架

当双层底分段以平直的内底板作为基面倒装时,或平面、舱壁等平面分段装配时,都常采用简单的支柱式胎架。现以双层底分段为例,说明支柱式胎架的制造步骤。

(1)在水泥平台上,按照分段的尺寸,确定胎架的位置。根据分段的质量,确定分段离吊车的距离。保证分段完工后能够顺利吊出胎架和进行翻身。

(2)用几何作图的方法，或用激光经纬仪在平台上划出十字线，即胎架中心线和角尺线，见图6-8。此十字线同时也作为装配中定位的基准。

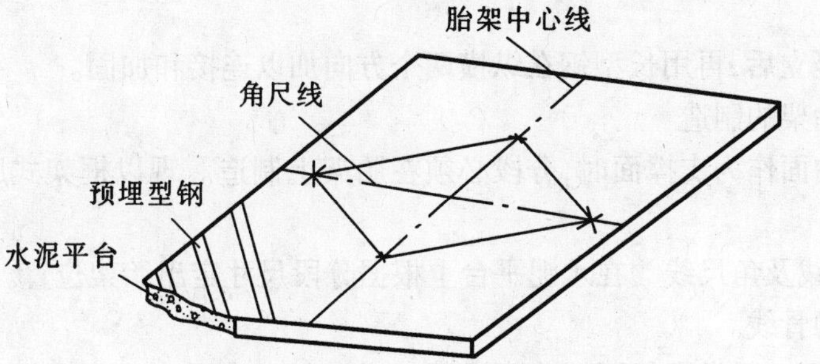

图6-8 划胎架中心线和角尺线

(3)确定支柱位置。先在平台上划出分段内底板的轮廓线，若底部分段为纵骨架式，以角尺线为准，划出平行于角尺线的肋骨位置线。以中心线为准，划出底纵桁位置线，其交点即为支柱的位置，见图6-9。纵骨架式的肋板间距较大，支柱需在每档肋位设置。若底部分段为横骨架式结构，肋板间距较小，可隔档设置以减少支柱的数量。当分段端缝离分段两端肋位超过200 mm，而内底板又比较薄时，应在肋位外增设一列支柱，防止装配过程中板边下垂造成变形。同样，两侧支柱距分段边缝也应不大于100 mm，必要时也应加设支柱。

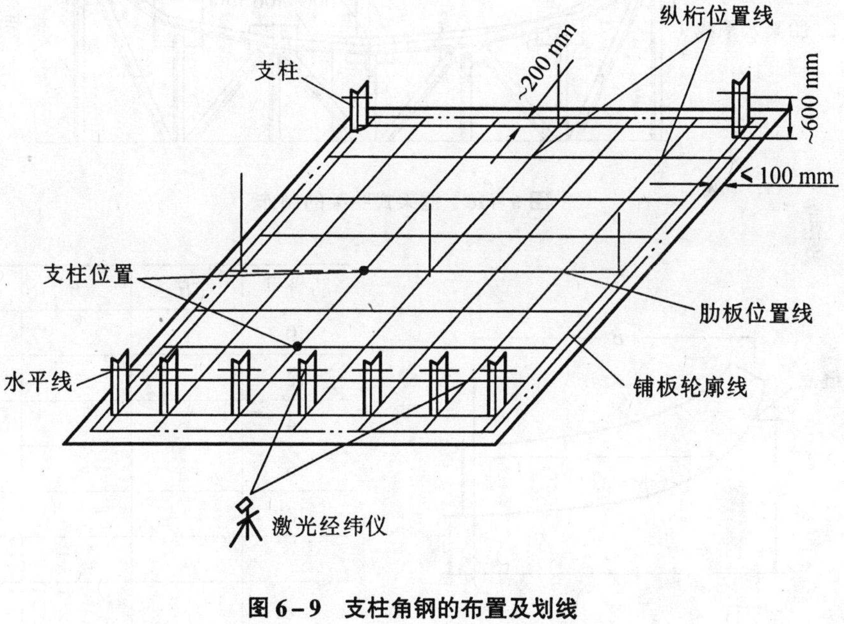

图6-9 支柱角钢的布置及划线

(4)竖立支柱型钢，支柱可用25 mm×100 mm的不等边角钢或球扁钢。支柱的高度既要使其有足够的刚度，又便于在胎架下方进行操作。最低处的支柱高度应不小于600 mm。最高处的支柱也应不影响吊车将分段顺利吊出胎架。支柱垂直于基础平台，可用水平尺检查其垂直度,必要时加以支撑。然后用水平软管或激光经纬仪在支柱上划出一个水平基准面。考虑内底板的不同厚度,确定型钢的切割线,使内底板有骨架的一面平整,支柱型钢的划线也经常使用拉线法。这就是在两端型钢上作出水平线后,再拉粉线划出中间各型钢上的水平线。

支柱型钢竖立后,再用长型钢在纵横两个方向加以连接和加固。

2.框架式胎架的制造

当分段以曲面作为支撑面时,分段必须在胎架上制造。现以框架式胎架为例说明其制造步骤。

(1)划中心线及角尺线　在水泥平台上根据分段尺寸定出胎架位置。划出胎架中心线、角尺线和各档肋骨线。

(2)胎架装配　通常是每两档肋距设置一道胎板。在平台上划出框架角钢的位置。用角钢和胎板进行装配,如图 6-10 所示。胎板的上缘留有余量,以供划线切割。其高度参考图 6-11 所示的胎架划线草图。其最低点约为 600~800 mm。胎板的厚度由分段质量确定,一般为 7~12 mm。当各档肋位框架竖立后,检查并调整其垂直度。用角钢在纵向加以固定和支撑。如果不用激光经纬仪划线,则在胎架的两侧和两端用角钢装好拉线架,供在分段上划中心线和中间肋骨线时使用。

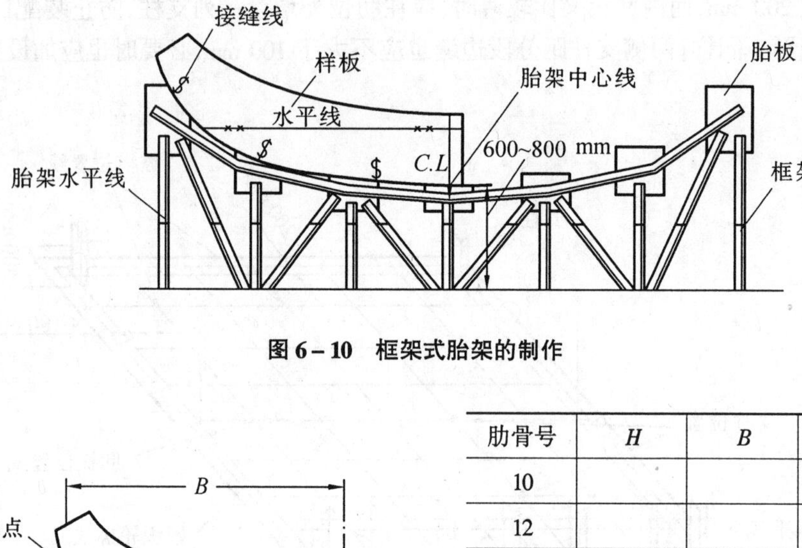

图 6-10　框架式胎架的制作

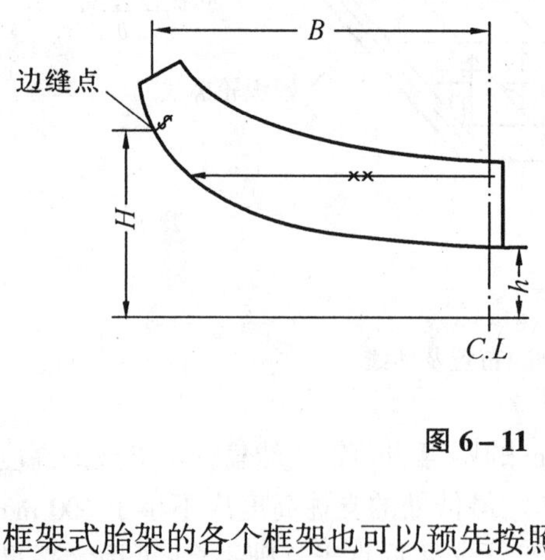

肋骨号	H	B	h
10			
12			
14			
16			
18			

图 6-11　胎架划线草图

框架式胎架的各个框架也可以预先按照线型在平台上拼装成整体,再吊上基础平台,对准中心线和位置线进行装配。

(3)胎板的划线切割　在胎架框架上用激光经纬仪或水平软管作出水平基准线，按胎架划线草图，依次在每档胎架上用石笔划出各自的 H, B 和 h 值。再在框架上夹好相应的样板，对准中心线和量出的型值点，检查水平线，然后在胎板上划出外板的型线。用气割将胎板上缘切割正确，如图 6－10 所示。如果外板型线变化较大，胎板应顺纵向的倾斜方向切割。最后在胎架四周标出水平基准线，以供检查胎架在使用中有无变形。在数学放样情况下，框架式胎架的胎板也可根据所提供的数值进行划线，而不必钉制专用的胎架划线样板。

第二节　平舱壁分段的装配

舱壁按结构分平舱壁和槽形舱壁两种。平舱壁结构简单，它由舱壁板、扶强材和桁材组成。平舱壁通常在平台上装配。槽形舱壁则由槽形断面的钢板和水平桁材组成，须在胎架上进行装配。

平舱壁分段的装配工艺如下：

1.铺板

将预先拼接好的舱壁板铺放在平台上。板较薄时可能出现局部不平，应用火工将其矫正。由于舱壁板有不同的厚度，应使朝上的一面平整。一般拼板时都是将号料写字的一面朝上，便于根据图样或草图按钢板上所标注的符号进行拼接。所以，舱壁标有符号的一面是平整的，也就是舱壁安装构架的一面。

2.舱壁划线

(1)样棒划线　根据肋骨型线图的型值和舱壁结构图，将舱壁外形尺寸及扶强材，桁材的相关尺寸，分别标划在两根样棒上。一根样棒以中心线为准，标注各水线处舱壁的半宽值和扶强材的间距。一根以水平线为准，标注舱壁的高度值和扶强材端点的位置，即图 6－12 中的 A, B, C, D 各组数值。

首先，在舱壁上划出各道水线、辅助水线及构架位置线，按样棒上的半宽和高度值画出舱壁的外形。但甲板梁拱和舭部线型，仍需用样板画出，如图 6－12 所示。

(2)草图划线　这种方法实际上是将标注在样棒上的尺寸数值记录在草图上。当舱壁上划出中心线、水线和扶强材位置线后，就可根据草图上的尺寸，用卷尺在舱壁上取点划线。其步骤和样棒划线相似。草图便于携带，查对和保存，被广泛采用。但梁拱线和舭部线型仍使用样板划线。

舱壁划线后，用白漆标上扶强材、桁材的安装符号和焊接符号。当采用总段装配时，舱壁作为装配的内模，划线后即将四周余量切除。在船台安装的舱壁，考虑到底部分段的焊接变形，舱壁和内底板连接部分的余量要在船台合拢时再切割，见图 6－13。

3.装垂直扶强材

垂直扶强材一般都为角钢或球扁钢，尺寸较小。将全部扶强材吊上分段，按零件号放对位置。定位时对准位置线和上下端点，并用角尺检查与舱壁的垂直度。扶强材采用单面连续焊时，考虑到焊接产生的角变形，可作适度的反变形，见图 6－14，并在扶强材两端及中间加临时支撑。

当型钢和板之间有空隙时，可用 Π 型马和楔铁将其压紧。如果扶强材和板之间的空隙比较大时，不可在其两端同时进行定位焊，而应从一端向另一端逐步进行。否则型钢中部出

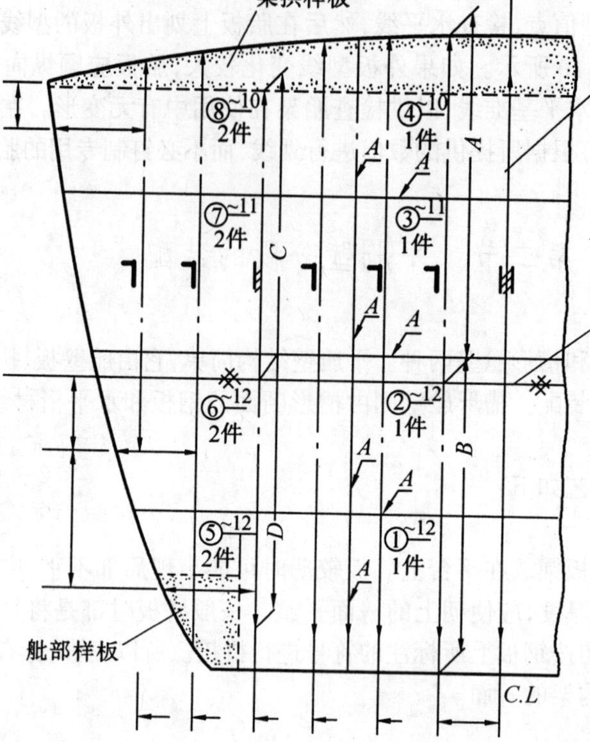

图 6-12　舱壁划线图

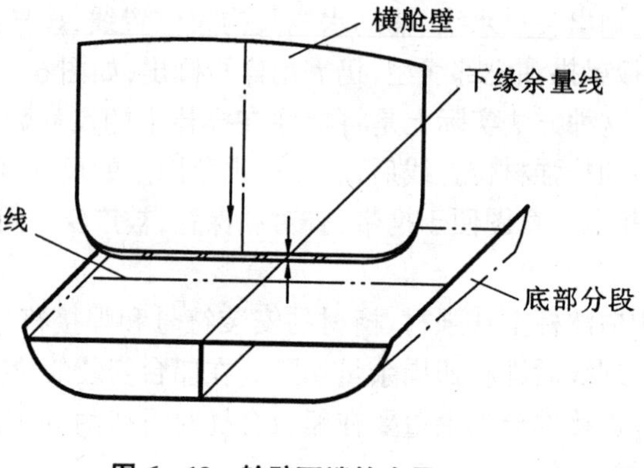

图 6-13　舱壁下端的余量

现的空隙将难以消除。

4.安装水平和垂直桁材

当舱壁上既有水平桁材又有垂直桁材时，通常垂直桁材是连续的，而水平桁材是间断的。安装时先装间断的水平桁材，再将垂直桁材插入。T型桁材安装时，对准位置线，修正腹板上的扶强材型钢贯穿孔。用角尺检查其垂直度。定位焊后加临时支撑。修割好水平桁

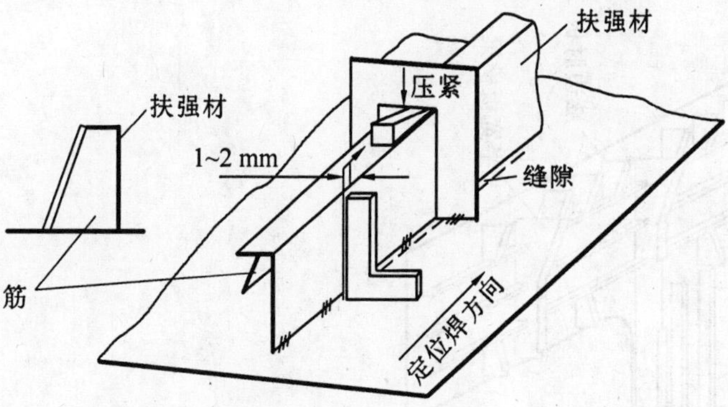

图 6-14　舱壁扶强材的安装

材的端边后插入垂直桁材，准确定位后进行焊接。

由于扶强材焊接后引起的变形比较大，舱壁板较薄而对型线的要求又比较高，为了保证舱壁外形的正确，需进行二次划线。板拼焊接后第一次划线时只划中心线、角尺线和扶强材位置线。扶强材和桁材装焊结束并经火工矫正变形后，分段翻身再进行第二次划线，即根据中心线和角尺线，画出舱壁的外形再进行切割。

5.临时加强和安装吊环

为防止在吊运时产生变形，将舱壁在横向用槽钢予以加强。对于较薄的舱壁，加强槽钢同时还可起到消除舱壁板波浪变形的作用。最后在分段上安装吊环。

6.火工矫正变形

主要是矫正由扶强材焊接产生的角变形和板面的波浪变形。若进行二次划线，矫正工作已在第二次划线前完成。

完工后的舱壁分段要进行二次除锈和涂装，然后送往船台。

第三节　甲板分段的装配

甲板分段的型线比较平坦，横向的梁拱和纵向的脊弧数值都比较小，但甲板分段上常有各种大小不同的开口。甲板分段一般都在可调支柱式或型钢支柱式胎架上装配。只有小型船舶的甲板分段，因钢板较薄，为控制分段的变形才采用框架式胎架。

甲板按结构特点分纵骨架式和横骨架式两种，其装配方法也因结构不同而有差异。图6-15所示的甲板分段，由甲板板、横梁、强横梁、甲板纵桁、甲板纵骨、舱口围板、舷边肘板和舱口肘板组成。该分段的装配程序如下：

铺甲板板→分段划线→装甲板纵骨及短横梁→焊接→装舱口端梁、半强横梁、舱口肘板及舷边肘板→焊接→装舱口围板、甲板纵桁及纵桁肘板→焊接→临时加强，装吊环→分段翻身封底焊→焊缝密性试验及透视→火工矫正→分段舾装→划分段中心线和中央肋骨线。

1.铺板

甲板分段中板的拼接有两种方法，一种是在平台上根据分段图或拼板草图预先全部或

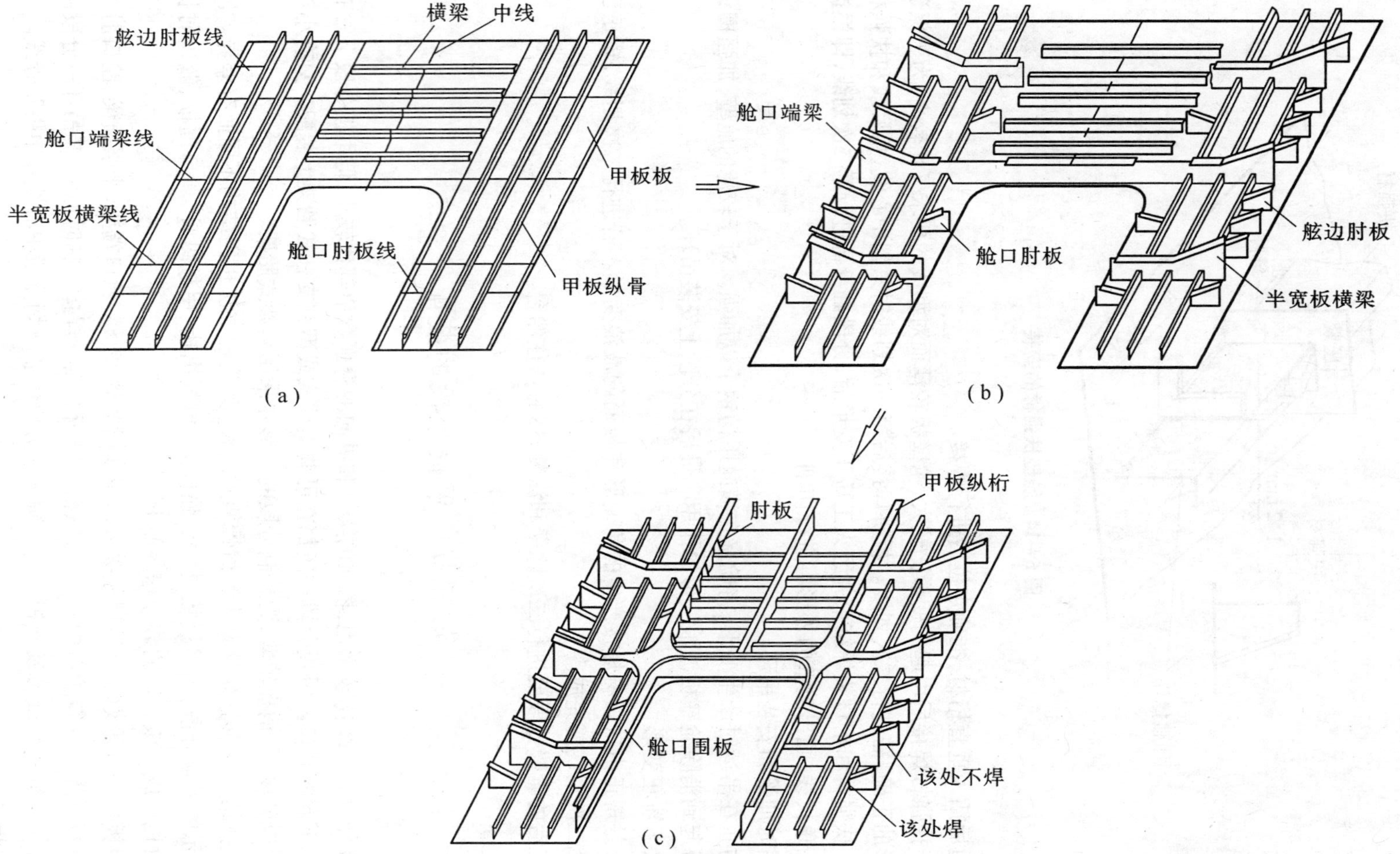

图6－15　甲板分段的装配

(a) 装横梁及甲板纵骨; (b) 装舱口端梁、半宽板横梁及舷边肘板;(c) 装舱口围板与甲板纵桁部分拼接,采用单面焊使焊缝双面成型。然后再吊上胎架。将甲板中心线对准胎架中心线,确定钢板一端距支柱的正确位置。并使钢板直接与胎架支柱或通过马板焊接固定。另一种是在胎架上进行甲板的拼接。这时,先吊上中列甲板,放对中心线和前后位置,和胎架焊牢。再依次装配相邻的各列甲板,进行必要的边缘修割。各板拼接时都应先进行纵缝的定位焊,后进行横缝的定位焊。全部甲板拼装完后再焊接。

2.分段划线

在甲板分段上划十字线,可以拉钢丝荡线锤或使用激光经纬仪。构架划线则使用样条或依据生产设计提供的数据。

(1)拉线法,见图 6-16。

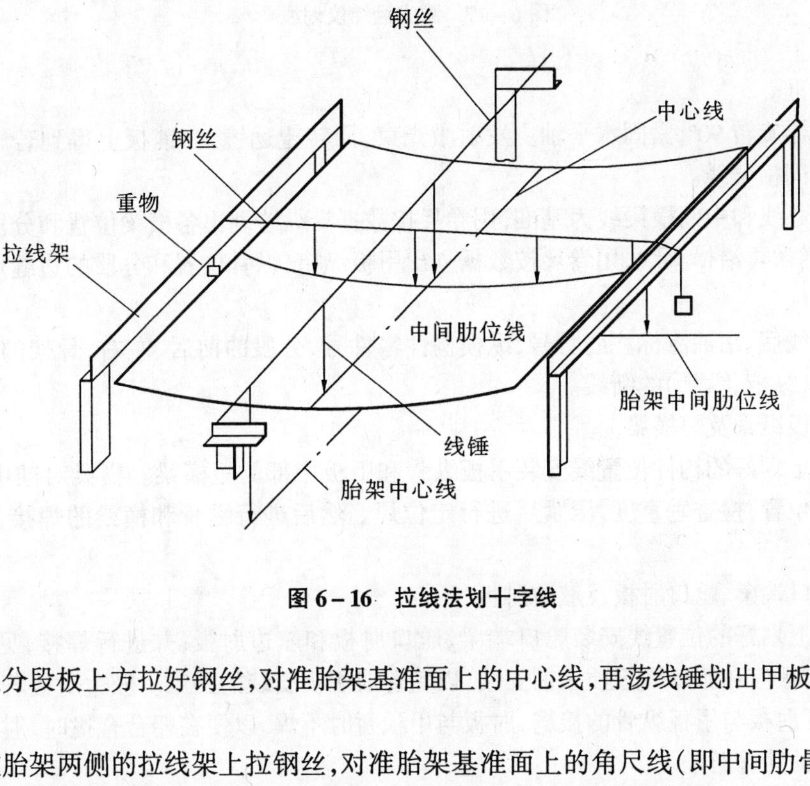

图 6-16 拉线法划十字线

1)在分段板上方拉好钢丝,对准胎架基准面上的中心线,再荡线锤划出甲板分段的中心线。

2)在胎架两侧的拉线架上拉钢丝,对准胎架基准面上的角尺线(即中间肋骨线)。在钢丝上每隔一定距离荡线锤到甲板上,得若干点后即可连成中间肋骨线。

3)用甲板中线肋距伸长样条,对准中间肋位线,划出各横梁位置和分段的两端点。

4)用甲板纵缝伸长样条,对准中间肋位线,在纵缝上划出各横梁位置和外段的两端点。将各同名点连接后即为分段上的横向构件位置线和分段的端缝。

5)用各肋位的甲板宽度伸长样条,对准中心线,划出甲板纵桁、纵骨位置线和甲板的边缝点。将各同名点连接后即为分段上的纵向构件位置线和分段的边缝。

(2)激光经纬仪划线法,见图 6-17。

1)将胎架基准面上的中心线复到分段铺板上。

2)在中心线上用肋距伸长样条,或用卷尺按草图尺寸划出每档横梁的位置线。

3)将激光经纬仪置于分段上,找中心线上的基准肋位点,将仪器对点整平,发射激光束,

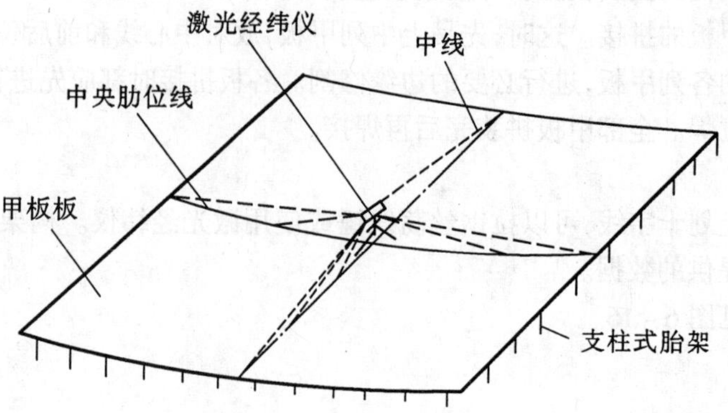

图 6-17　激光经纬仪划线

与中心线对准。

4)将仪器旋转 90°,紧固水平轴。发射激光束,回转望远镜,在铺板上得到若干点,连接各点即为中间横梁线。

5)以中心线和中间横梁线为基准,用卷尺按数据沿纵缝划出各横梁位置和分段端缝点。连成光顺曲线,再沿横梁线,用卷尺按数据划出甲板纵桁,纵骨位置和分段的边缝点,连成光顺的曲线。

甲板划线后,用油漆标注肋骨号,纵横构件零件号,分段的前后、左右,骨架的厚度标记及纵向构件(纵桁、纵骨)的断线。

3.装甲板纵骨及短横梁

按甲板上划好的构件位置线安装甲板纵骨和甲板中部的短横梁。横梁对准中心线,纵骨对准端部位置,检查垂直度,压紧后进行定位焊。然后进行纵骨和横梁的焊接,见图 6-15(a)。

4.装舱口端梁、舱口肘板及舷边肘板

按甲板上划好的位置线安装舱口端梁、舱口肘板和舷边肘板,并进行焊接,见图 6-15(b)。舱口肘板应在舱口围板插入前安装,以免造成围板安装的困难。舷边肘板若在分段上安装,也只焊肘板与甲板纵骨的接缝,肘板与甲板暂时不焊,以便在船台合拢时,肘板易于和舷侧分段上的肋骨对准。

5.装舱口围板、甲板纵桁和纵桁小肘板

检查舱口端梁及舱口肘板的垂直度,进行必要的修割,然后插入舱口围板和甲板纵桁,定位后进行焊接,见图 6-15(c)。

6.分段加强、安装吊环

根据分段的尺寸和结构特点,在分段吊出胎架前进行必要的加强。一般在舱口处横向用槽钢加以支撑。在横舱壁处断开的纵桁加以连接。以保证分段纵横方向的刚性。

7.分段吊出胎架、翻身并进行封底焊。

8.分段进行火工矫正。

9.进行焊缝的密性试验及规定的透视检查,消除焊缝的缺陷。

10.在甲板分段上划出中心线和中间肋骨线作为船台定位的依据。

分段完工后进行二次除锈和涂装。甲板分段装配过程中,构件定位、测量和紧固的具体操作,在装配基本操作中已有详细介绍,这里不再重复。

第四节 上层建筑分段的装配

上层建筑分段的钢板相对比较薄,各层均由内外围壁、扶强材和顶甲板组成。上层建筑各个分段都采用以其顶甲板为基面的倒装法。各层装焊结束后,再在胎架上合拢成整体后吊上船台,称为上层建筑整体吊装,这样可以减少船台合拢的工作量。

上层建筑各层围壁板的拼装及其上扶强材的安装。也在部件装配阶段完成。其分段装配的工艺程序如下:

胎架制造→顶甲板装配→焊接→划线→装纵横骨架→焊接→装内围壁→装外围壁→装加强材及吊环→焊接→火工矫正→吊离胎架→分段二次除锈和涂装。

1.胎架制造

上层建筑分段以顶甲板作为基面倒装时,由于甲板有梁拱,通常都在型钢支柱式胎架上装配。胎架的形式和制造方法和甲板分段胎架相同,但因上层建筑的甲板板厚较小,在甲板开口四周和纵横围壁处都应设置支柱。在顶甲板两边向内约 50 ~ 100 mm 处,也应有支柱支撑,以防因甲板边缘下垂而影响甲板梁拱的形状。支柱的位置应以不妨碍檐板等构件的安装为前提。

2.顶甲板装配

顶甲板先在平台上采用单面焊的方法进行装焊,并对局部的不平进行火工矫正。吊上胎架定位后将其与胎架支柱临时焊牢。如局部有间隙,须用压铁等重物将板和胎架压紧,然后再焊。

3.顶甲板划线

在顶甲板上划出中心线和角尺线,再根据划线草图划出纵横骨架位置线、围壁位置线、甲板开口及顶甲板四周轮廓线。在倒装情况下应注意甲板的左右位置。划线后即将顶甲板四周的余量割除。用油漆标明围壁的前后、左右以及构件的厚度符号。

4.装纵横骨架

安装甲板上的横梁和纵桁,其定位、测量和紧固的方法和甲板分段装配时相同。

5.安装围壁

上层建筑内部常设有较多的隔壁(即内围壁),将其分隔为多个不同面积的舱室。内隔壁和外围壁在部件装配阶段已完成板的拼接和扶强材的安装。上层建筑装配时,一般都是先装内隔壁,后装外围壁。内部纵向和横向的隔壁应使其互相贴靠交叉吊装,尽量避免插入。隔壁和围壁吊装时,对准甲板上的位置线,用线锤测量其垂直度。用水平软管依据隔壁上的水平线测量其水平度。内部隔壁全部装完后,再装外围壁。隔壁和围壁的装配顺序,如图 6 - 18 中所标注的数字所示。当外围壁四角为圆弧过渡时,为了保证外围壁的型线光顺,并便于与相邻分段连接,约有占围壁接缝长度 1/3 的余量暂时不切割,在整体合拢或船台安装时再划线切割。同时,由于上层建筑焊接后变形较大,门槛下方的一块壁板暂时不装或板的一端暂时不焊,当上层建筑在船台上定位时再安装焊接,见图 6 - 18。

6.临时加强

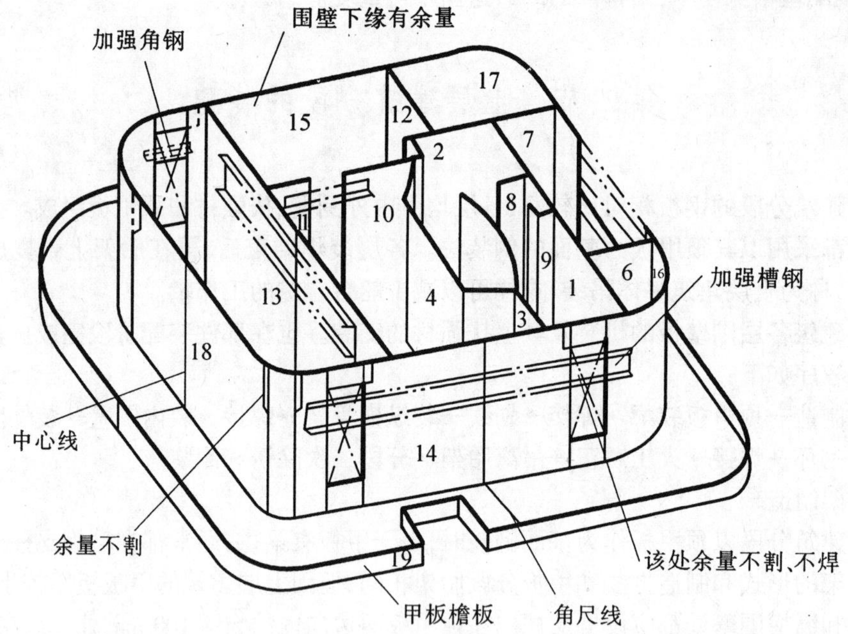

图 6－18　上层建筑围壁安装顺序

装配工作结束后，为防止焊接及吊运引起分段变形，应对上层建筑进行局部加强。通常是在围壁下端，分段开口处以及同一平面内的围壁间断处进行加强，见图 6－18。图中加强型钢用双点划线表示。

7.焊接、划基准线

由于上层建筑的钢板比较薄，如果边装边焊难以控制变形。应在全部隔壁和外围壁都装配完毕，分段具有较好刚性时再进行焊接，最后安装吊环。

最后，在分段上划出中心线、肋骨检验线和一条水平线，作为船台安装时的定位基准。

练　习　题

1.上层建筑分段装焊后，吊上船台前应将分段下口和转圆板的余量全部割除。（　　）

2.纵骨架式甲板分段装配时，一般都先装宽板横梁，再装甲板纵骨。（　　）

3.胎架都支撑在分段无构架的一面，当分段有不同板厚时，胎板上缘不是一条连续的曲线。（　　）

4.所有分段都可以从正装、倒装和侧装中任意选择一种装配方式。（　　）

5.将分段外板临时焊接固定于胎架时，利用胎架的刚性可减少分段的焊接变形。（　　）

6.无论什么类型的胎架都具有控制焊接变形的作用。（　　）

7.舱壁扶强材安装时，总是将型钢的两端先进行定位焊。（　　）